Fotografia, forma, arquitectura i nació.

———

Un assaig sobre la recerca a través de les fotografies
oblidades de Lluís Domènech i Montaner.

Francesc-Xavier Soria Jofra

Davant de tot i primer, les obres!!
Això és, exercici, exercici, exercici!
La "fe" que correspongui ja s'incorporarà després ella sola!
Esteu segurs d'això!!
Friedrich Nietzsche, *Aurora.*

Fatti non foste a viver come bruti, ma per seguire virtude e canoscenza.
Dante Alighieri. *Divina Commedia.* Inferno. Canto XXVI.

ÍNDEX

I. Pròleg

Aquest assaig vol posar a la llum pública els desconeguts treballs auxiliars que l'arquitecte Lluís Domènech i Montaner (1850-1923) va fer mitjançant la fotografia. És ben sabut per aquells que s'han interessat per l'obra i figura de Domènech i Montaner que aquest utilitzà abastament la fotografia en els seus viatges pel Pirineu al llarg dels anys 1904-07 aplegant dades –més aviat arxivístiques– amb la intenció d'elaborar una monografia sobre l'art romànic a Catalunya[1], monografia que, d'altra banda, mai va arribar a finalitzar–. Fins i tot d'aquestes fotografies se'n va fer una exposició el 2006 al mateix MNAC d'aquests estudis sobre el romànic[2]. No és conegut però que, molts anys abans –possiblement des de el 1870 en endavant–, Domènech emprà la fotografia de forma didàctica, com a simple aficionat, per estudiar la morfologia de diversos elements naturals amb l'ulterior intenció d'elaborar dissenys que s'incorporarien més tard a les arts aplicades tant consubstancials a la seva arquitectura. En el següent assaig tractarem doncs, des de diferents fronts, albirar l'abast de tota aquesta fotografia totalment inèdita per a fotògrafs, arquitectes i historiadors interessats en el Modernisme.

Sembla ser que Domènech –arquitecte, polític, estudiador del romànic

---

[1] El seus treball fotogràfic sobre el romànic pirinenc va ser matèria d'exposició en el MNAC amb el nom de *"Domènech i Montaner i la descoberta del romànic"*, exposició inaugurada el 17 de maig de 2006.

[2] http://www.mnac.cat/exposicions/exp_presents_f.jsp?actualPage=1&id=00000012&lan=001

i tantes altres coses– estudià mitjançant la fotografia les formes particulars i concretes que l'oferia la natura sempre amb aquell esperit positivista tant en boga a l'època. Eclèctic com sempre va ser el nostre protagonista, en Lluís Domènech, no aprofundí en l'estudi formal i sistemàtic d'aquesta eina que era la fotografia, cosa que sí farà posteriorment –però 40 anys més tard– Karl Blossfeldt a l'Alemanya dels anys vint. Per què no ho va fer? Falta de tenacitat tudesca en Domènech? Més aviat la nostra hipòtesi no és la mancança de potencial o perseverança en Domènech, simplement cal inscriure'l en un renaixement cultural –l'humil però potent Renaixença catalana– cosa que portava implícit el diletant tanteig en diferents branques del saber. I així es comportà Domènech: no va ser tant sols arquitecte, no només enginyers, no solament un simple caparrut estudiós del romànic català, no únicament heraldista, no només capficat historiador, sinó també fotògraf. Podríem afegir aquí el que agosarats autors[3] insinuen respecte a tot moviment renaixentista: que el renaixement europeu durà del segle X al XX, doncs formaven totes aquestes escomeses en un hel·lenisme recurrent en contraposició a un cristianisme en retrocés, poc importa si l'hel·lenitzat creia o no en Déu. El seu missatge formava igualment un discurs que no s'adia amb la unicitat.

Semblaria plausible pensar que Domènech va fer tot el que va fer

---

[3] Sloterdijk, P. *El celo de Diós*. Barcelona: Siruela 2011. Pàg. 140 i 144.

perquè begué encuriosit de totes les fonts racionalistes i empíriques del seus temps, i per tant la seva curiositat científica arribà –de forma col·lateral– a la fotografia. Domènech participà indiscutiblement amb molt d'esma en el Modernisme Català, estil que conreà amb profusió. Però d'altra banda incorporà també a les seves obres un estil ben personal, un segell particular, arrelat al Modernisme però amb tons evolutius que –especialistes de la disciplina arquitectònica *dixit*[4]– progressivament el feien decantar cap a una mena d'abstracció evolutiva que progressivament es va aigualir davant la sensible pèrdua de vitalitat al llarg de la seva etapa més senecta, on començà a delegar el pes de les obres de l'Hospital de la Santa Creu i Sant Pau al seu fill i preferí esmerçar les seves darreres energies en les obres d'heràldica i els estudis de caràcter històric.

L'obra de Domènech pot ser llegida doncs com un pont –no sempre reconegut, per poc perfilat– d'una arquitectura Modernista cap a una mena d'eclèctica personal *més enllà* del modernisme. En aquestes imatges inèdites que

---

[4] Aquesta és si més no la opinió de Gerard García-Ventosa respecte a la evolució del sistema columnari en l'arquitectura de Lluís Domènech i Montaner. García-Ventosa, vocal de cultura COAC l'any 2000, opinava que Domènech tendia cap a l'abstracció quan hom s'hi fixa i observa el sistema columnari emprat per l'arquitecte al llarg del temps. Primer es veu una clara tendència ornamental, i floral, que tenen molt a veure amb les fotografies que mostrarem i que va tendint cap a una línia estructuralista. Domènech és innovador al final de la seva trajectòria, doncs primer fou bastant poruc i emprà ordres clàssics (preferentment el jònic) a les parts més representatives dels edificis. Amb el pas dels temps mimetitzà els ordres i els esquematitza, alhora provà la barreja d'ordres (columnes romàniques amb capitells gòtics) creant una línia pròpia de capitell que s'anomena el "collaret floral" a on hi ha la presència sempiterna de les flors.
D.A. *Domènech i Montaner any 2000*. Barcelona: COAC, 2000. Pàg. 7-8.

6

veurem aquí, imatges fetes per l'arquitecte en la seva recerca, veurem com tota la seva producció fotogràfica és, de fet, un territori-frontissa que transcendeix el concepte d'eina utilitarista. Les imatges generades són, sense voler-ho el seu autor, sense ser-ne gens conscient el fotògraf, alguna cosa més que una mecànica experimentació o un simple utillatge didàctic; són un *actio in distans* d'una obra que ultrapassa tota lectura contemporània feta en el temps de l'autor. És en aquest corpus fotogràfic on ja es pre-veu un treball amb una ànima independent, capaç d'ultrapassar la comunicació directa d'allò que contenen les pròpies imatges. La prova més evident d'allò que és diu és el fet de que ara, més de cent anys després, xerrarem ara sobre unes fotografies que llavor eren poc més que "proves" o potser tant sols dipòsits fotogràfics de formes naturals per a ulteriors estudis. Sospito que a partir d'ara, arran d'aquesta primera difusió d'aquestes fotografies, les fotografies de plantes del Sr. Domènech seran àmpliament analitzades pels estudiosos del món domenechià.

Per concloure aquests petit abstracte cal recordar una cosa que em sembla capital: en aquest assaig he procurat (a) mantenir l'esperit de qualsevol assaig i procurar parlar, amb la llibertat que m'atorga el conreu d'aquest gènere sobre el boirós *no-man's-land* que hi ha entre fotografia, història, filosofia i sociologia; (b) ho he volgut fer d'una manera el més entretinguda possible sense oblidar aquella màxima volteriana –oblidada per molts– que diu en l'idioma de l'hexàgon *tous les genres sont bons excepte le genre ennuyeux.*[5]

Així, la mateixa accepció de la paraula assaig –gènere en prosa on s'aborda d'una manera lliure els problemes més diversos amb voluntat de creació literària– m'ha conduit a aquest llarg escrit on ressegueixo una desconeguda faceta dintre de l'obra fotogràfica d'un dels autors del molt polifònic modernisme català. Pot ser que alguns del camins que perfilaré ara siguin equívocs, tant sols *culs de sac* que no porten enlloc però al cap i a la fi parlem de fotografia, imatges en dues dimensions que contenen informació poètica en el sentit que tota poesia –i tota música– són capaces de superar lectures bivalents de la realitat[6]. Filosofia, història i fotografia representen doncs aspectes no antagònics dintre del discurs centrat en la difícil i equívoca transcripció d'imatges en grafies.

II. Fotografies retrobades: de la màgia i virtut de desaparèixer i tornar a aparèixer.

Al llarg de la relativament curta història de la fotografia ha succeït comunament que un bon grapat de fotografies fetes per un autor concret hagin quedat temporalment ignotes, sorprenentment "latents" en unes golfes, temporalment fora del focus del coneixement. Tot sovint és el simple atzar el

---

[5] "Tots el gèneres són vàlids excepte els generes avorrits".
[6] Sobre la capacitat de la poesia de desarticulació del pensament occidental basat en dualitats em remeto simplement a gran part de l'obra de M. Zambrano, creadora de suggeriments com *"la raó poètica"*.

8

causant d'aquests *rallentandos*. D'exemples d'això que esmento ara n'hi ha molts. Tot sovint el dipòsit fonedís de la informació fotogràfica era curiosament una simple maleta que viatjava i que, després, ho deixava de fer per molts anys fins que sortia a la llum pública. Qui no recorda la maleta tolosana de Centelles? la que va anar a buscar a Tolosa amb el seu company de captiveri un cop va morir Franco?; o la mexicana de Capa? la del general Mexicà, la maleta que mai va poder recuperar el malaurat fotògraf hongarès. Fins i tot ara, mitjançant els diaris, ens assabentem que sempre hi ha fotografies per re-conèixer, com les que fa poc es van aparèixer i que es trobaven en caixes de soldats desconeguts[7], de soldats quasi-anònims de guerres com la nostra, la massa alegrament dita *civil*.

Però podria afegir encara: qui no honestament recorda la senzilla trobolla casolana de fotografies familiars, d'aquelles antigues fotografies en blanc i negre, de rostres ja llunyans, on hi surten paisatges humans i naturals, totalment desconeguts. Sovint, pels interessats aquestes fotografies són molt més que paper groc...són quelcom semblant a un *deus ex machina* que sorgeix precisament d'una màquina, que és la càmera. El fet és que quan això passa es lliguen les generacions humanes amb records provinents d'imatges. Reguitzells de generacions humanes es poden veure llavors *de tu a tu*.

Succeeix d'aquesta manera que uns nous ulls donen vida, d'alguna manera o

---

[7] http://www.ara.cat/premium/tema_del_dia/imatges-del-sergent-republica-desconegut_0_890910981.html

altre, a aquelles antigues imatges fetes pel simple fet de ser mirades; d'aquí cap a

enllà i viceversa. La fotografia permet doncs als temps llunyans cobrar nova

vida, però ara en la ment dels receptors. Simples formes posades en dues

dimensions i impreses en un paper esgroguëit són potser, per alguns, més temps

que no pas llum. Pinzellades de vida que s'entossudeixen a no morir del tot:

són informacions críptiques a punt per ser transcrites en el llenguatge d'un altre

temps.

Cal també advertir que el treball que ara es presenta es fruït de molts

atzars. El primer de tots ells és la relació estreta que hi hagué entre el barceloní

Domènech i Montaner amb la vila de Canet de Mar: la branca materna de

l'arquitecte provenia d'aquest poble i ja des de petit el jove Domènech estiuejà

en aquesta –encara a finals del XIX– antiga vila de mariners i mestres d'aixa

recelosos del progrés presentat a la comarca en forma de tren de vapor (no pocs

atacs ludistes van haver-hi contra el tren de la costa a Canet). Fou en aquesta

vila que, anys endavant, el jove arquitecte recentment llicenciat a la facultat

d'arquitectura de Madrid –com tot bon burgés barceloní calia completar els

estudis a la *villa y corte*– va poder efectuar els seus primers treballs arquitectònics[8].

Entre el reguitzell de espais creats per Domènech està la seva antiga casa

---

[8] Per exemple l'antic ateneu catalanista –l'actual biblioteca popular Gual i Pujadas de Canet de Mar– o la que va ser la seva casa a la vila, l'actual Casa-museu Lluís Domènech i Montaner.

reconvertida fa uns anys en l'homònima *Casa-museu*. Fou en aquest museu on, també fruit de l'atzar, es trobà vora l'any 2000 (any de la cessió del patrimoni moble del insigne arquitecte al COAC per part del seu nét Lluís Domènech i Girbau) tota una colla de fotografies sembla ser en vitrines i baguls oblidats. La troballa estava conformada per un nombre total de 71 fotografies en negatiu de placa de vidre i tot sembla indicar que les fotografies va ser deixades allí perquè senzillament les van menystenir i algú, ves a saber qui , no va trobar oportú traslladar algunes d'aquelles plaques malmeses i atrotinades al Col·legi Oficial d'Arquitectes de Catalunya, –el COAC– on s'hi troben part de tot el plec de fotografies que aquí mostrem i que a banda d'això es troben el gran recull de fotografies del romànic català de Lluís Domènech i Montaner. Aquest comportament —sens dubte negligent i quasi més propi dels anys 60 i 70 que no pas de l'any 2000 — va propiciar l'origen d'aquest assaig.

La temàtica d'aquestes 71 fotografies de Canet de Mar no conformaven una unitat ben definida: eren molt diferents en qüestions relatives a la temàtica i, també, comprenien períodes cronològics ben diferents. En l'annex en donem detalls d'aquestes plaques a través del mateix llistat provisional de l'Arxiu Municipal de Canet de Mar (l'AMCM; veure l'Annex I). Dintre del conjunt de fotografies en tenim de les construccions dels edificis de Domènech a Comillas (Santander), alguna panoràmica de Barcelona feta des de

Montjuïc, fotos familiars en el que sembla les contrades rurals de Canet, alguna

fotografia del capitells romànics del monestir de Sant Cugat que correspondrien

als primers viatges de Domènech a la recerca del romànic català entre 1907 a

1909; també s'hi troben fotografies dels motllos de guix de Arturo Mélida; i

també, i sorprenentment, podem contemplar vora una vintena d'interessants

plaques fotogràfiques compostes per estudis de plantes, que constitueixen la

matèria prima d'aquest assaig.

Un estudi primerenc de les fotografies de les plantes –les protagonistes

del nostre estudi– ens revela un percentatge de 21 fotos amb element vegetals

entre un total de 71. Són pràcticament el 31% del global[9], cosa que donà pistes

apriorístiques de la importància d'aquests bodegons de plantes bosqueroles. Si

separem aquestes 21 fotografies del conjunt i les analitzem de fit a fit ens

sorprèn la gran unitat temàtica que conformen, una unitat identificable per a

qualsevol neòfit no avesat a l'art de la selecció fotogràfica. Efectivament

l'exercici que podríem dir *la selecció d'unitats per formar una unitat temàtica coherent* no

és una cosa que s'assoleix fàcilment i sovint és el tret definitori que separar

categòricament al fotògraf del simple afeccionat. Vist així l'evidencia és rotunda:

Domènech emprà abastament el mitjà fotogràfic per estudiar amb deteniment

les formes naturals de les plantes creant un corpus del que més tard se'n va

---

[9] Veure l'annex V.

desdir. Amb la fotografia Domènech estudià la natura i si ens fixem amb la praxis arquitectònica domenechiana, sempre organicista, rotundament Modernista i sempre vinculada d'una manera o altre a la natura, a la corba i el motiu vegetal, veiem que efectivament era així.

El què de seguida un fotògraf professional o fins i tot un simple fotògraf *amateur* pot comprovar és que les fotografies de plantes "retrobades" de Canet són sistemàtiques en tot un conjunt d'aspectes més enllà del temàtic: també hi ha una unitat estètica que resolt qualsevol dubte respecte a la intencionalitat o no de l'autor. El procediment és sistèmic: de fet sempre s'utilitza un punt de vista zenital, o de 90 graus; els fons emprats acostumen a ser neutres –tot sovint un simple paper blanc o gris–, la distància entre el pla de càmera i l'objecte fotografiat no deixa de ser molt semblant en totes les fotografies . És clar que també hi han diferències dintre d'aquestes 21, naturalment, però sens dubte aquí si podem afirmar que són més els elements que les lliguen que no pas els aspectes que no ho fan. També hi ha paisatges escapçats vora la vila de Canet i en d'altres podem apreciar un fons que no és neutre i que recorden l'estètica oriental —gens estranya d'altra banda a gran part del modernisme europeu—. Les possibles desviacions en la composició no treuen força a la línia gràfica unívoca que es pretén dibuixar aquí.

Les fotografies van ser fetes sobre plaques de vidre amb una càmera de

13

plaques francesa *Guilles et Frères 18x24* [10], però també troben dos tamanys més: 13x18 i, en menor mesura , 9x12 [11] fetes amb unes altres càmeres. La llum de les fotografies de plantes d'en Montaner és natural –el flash de magnesi, tot i que ja es feia servir durant la dècada de 1880-90, malgrat els seus inconvenient, no serà emprat per Domènech— . Aquesta llum de les fotografies està bastant matisada, sense ombres rotundes i marcades, amb inclinacions que van de 30 a 45 graus. Tot això pressuposa un control de la llum per part de l'arquitecte i possiblement indica un *modus operandi* que suggereix una cronologia concentrada, de pocs anys, en l'elaboració d'aquestes fotografies. És ben probable que Domènech devia tenir al seu estudi una finestra assolellada que l'aprofitava com a font de llum, aquesta llum la devia matisar amb el simple cortinatge de la mateixa finestra. També cal comentar que l' evidencia de trobar fotos amb diferents exposicions referma el fet que clarament Domènech buscava un control total de la llum en les seves fotografies de motius florals.

La datació de les plaques no és segura, però dintre d'aquesta inseguretat hi trobem dades que ens indiquen que van ser fetes entre 1878 i 1913. Si més no hi ha una marca en una de les fotografies –el logotip de Domènech i Montaner [12]– i una data a banda de la que hi ha al guix del cap de lleó d'Arturo Mélida, 1883,

---

[10] http://elotroblog.pedroarroyo.es/search/label/gilles%20freres
[11] La càmera *Gilles et Frères 18x24* fou una càmera relativament popular que, d'altra banda, fou la mateixa que emprà Mariano Fortuny –fill del pintor homònim i notable dissenyador– en les fotografies venecianes vora el 1900. Podeu veure la càmera original d'en Domènech a l'annex II.
[12] Veure l'annex III

un model de guix que actualment es troba a la Casa-museu Lluís Domènech i Montaner de Canet de Mar[13]. D'altra banda, podem veure façanes de l'hospital de la Santa Creu i Sant Pau, cosa que pressuposen una datació aproximada de 1902-1903, que correspon a la primera fase de construcció, la fase conduïda directament per Domènech. Enmig d'aquests dues anys que fan de claudàtor hi trobem en el conjunt un munt de fotografies corresponents a la localitat de Comillas i d'altres fàcilment ubicables en el temps com la del Palau Montaner – actual delegació del govern espanyol a Barcelona– , del qual se sap que el 1889 Domènech se'n va fer càrrec al capdavant del control de la seva construcció. La data de 1913 correspon a l'any en que Domènech deixà efectivament les tasques de seguiment de l'Hospital de la Santa Creu i Sant Pau i delegà els treballs al seu fill Pere Domènech i Roura, el qual se'n va fer càrrec, al cent per cent, vora l'any 1920, tres anys abans de la mort dels seu il·lustre progenitor.

Per acabar aquest primer apartat cal comentar el tercer atzar: el narrador que els explica tot això i la fortuna de creuar-se amb les fotografies. Qui els escriu va treballar una breu temporada a la Casa-museu Lluís Domènech i Montaner de Canet de Mar amb la tasca de crear, del no-res tot s'ha de dir, la web i els continguts de la web del museu. Fou allí on vaig descobrir finalment l'existència d'aquestes fotografies que, com a fotògraf, em van captivar des de el

---

[13] Veure també l'annex III.

primer moment i ja em van suggerir treballar sobre elles. Ara, per fi, convé que les vegin ja sense més preàmbuls. En un assaig ortodox aquestes imatges potser anirien encabides en un annex al final del treball, no obstant, després de no poca *meditatio* considero que, per poder-ne parlar millor de totes elles i del que signifiquen, cal que les vegin, car només així podrem seguir tots plegats el fil d'allò que realment signifiquen no només dintre de l'obra de Domènech i Montaner sinó també dintre de la sempre complexa i reeixida intrahistòria d'allò que en podríem dir *la fotografia catalana i els seus fotògrafs.*

III. De l'obra fotogràfica desconeguda de Lluís Domènech i Montaner.

Passem ara a exposar les 21 fotografies que formen el subconjunt comentat de les 71 fotografies trobades a la Casa-museu de Canet de Mar. Abans de veure-les vull comentar que en les següents fotografies s'inclouen a la capçalera les següents informacions: (a) el número de la fotografia, que és un numero subjectiu a aquest assaig; en la línia següent (b) s'especifica l'espècie vegetal de la fotografia; en una tercera línia (c) s'escriu el número de la col·lecció dintre l'arxiu (que recordem que és l'Arxiu Municipal de Canet de Mar) , alhora (d) també s'adjunta la signatura topogràfica d'aquest arxiu, (e) el tamany del negatiu en centímetres i (f) el número CM. Finalment s'adjunta (g) l'acrònim de l'arxiu un s'ubiquen totes aquestes fotografies (l'AMCM).

16

L'ordre doncs és, gràficament, aquest:

a

b

c, d, e, f, g

Després adjuntem la imatge corresponen i posteriorment veuran uns breus comentaris. Sovint són aspectes relatius a les característiques de les plantes, o el simple punt de vista formal, o aspectes sobre la formació tècnica de la imatge. No obstant l'èmfasi de l'assaig el posaré no en els comentaris individuals de les obres sinó en la significança de tot el conjunt escollit. Com que tota selecció implica una pèrdua no he volgut deixar de satisfer aquells més curiosos i així he considerat pertinent afegir a l'annex (veure l'Annex IV) tot el conjunt de les fotografies trobades a Canet de pertanyents a l'arquitecte Domènech i Montaner. Potser qui ho vegi podrà continuar aquests estudis, o iniciar-ne d'altres, la qual cosa em farà més que feliç.

D'altra banda i ja parlant sobre d'altres aspectes cal dir que les fotografies que ara veuran són positius digitals fets de plaques on naturalment la imatge està originàriament en negatiu. Aquests positius van ser fets per un fotògraf – professional o amateur, ho desconeixem– contractat (o potser no) per l'Ajuntament de Canet de Mar. Desconeixem el nom del fotògraf –fins i tot l'arxivera el desconeix–. Això ens ha de posar alerta davant els passos establerts

17

i l'ortodòxia alhora de fer aquesta translació entre negatiu a positiu. Resta evident comentar que, davant la impossibilitat de saber la quantitat de retoc digital aplicat i els detalls concrets de la manipulació digital que han sofert aquestes fotografies –és pot pressuposar que poc– tota dada de tipus quantitatiu o percentual respecte a les quantitats de blanc o negre, contrast, corbes i nivells s'hauran de prendre com a simples referències orientatives, en cap cas com a dades realment absolutes.

També es pertinent comentar que les fotografies estan en general en mal estat: moltes de les plaques estat escapçades i les emulsions han perdut el vigor i la consistència original fruït d'una pèssima conservació de les plaques al llarg de gran part del segle XX. Malgrat aquests atributs veuran pels seus propis ulls que les fotografies escollides no deixen de tenir una bellesa digna de ser exposada.

A l'annex V del final d'aquest assaig també poden trobar breus estudis estadístics respecte les 21 fotografies presentades. D'aquest estudis es desprèn que (a) la base temàtica de les fotografies el representen plantes autòctones (gairebé un 74%) essent la resta exemplars foranies; (b) un 45% de les fotografies presentades corresponen a plantes en estat de floració, cosa que demostra que si en un corrent s'ha d'ubicar en Domènech aquest és el Modernisme; i (c) la gran majoria de les plantes fotografiades són arbusts (un xic més del 72% del total).

Respecte a la composició (veure Annex VI) els estudis estadístics demostren una preferència per ubicar una sola espècie vegetal a la fotografia (un xic més del 71% del total) tot i que també es pot apreciar que la composició amb dos o més elements també s'ha experimentat, incloent també insectes com els buprèstids. Els fons amb clau alta i gris mig representen pràcticament el 67% del total, i els fons compostos (14,28%) o en clau baixa (un altre 14,28%) ocupen el percentil restant.

Per últim i darrer comentari abans de la visualització de les fotografies de plantes assistir a l'espectacle de veure al Domènech-fotògraf; a l'arquitecte ara ens caldrà afegir-li un altra virtut de les moltes que ja en tenia (enquadernador, estudiós de l'art, articulista, polític, heraldista, historiador i un llarg *et caetera*.). Els fotògrafs que ja han vist aquestes fotografies —M. Pruden, M. Franchi, M. Zuzunaga— no han deixat d'admirar l'ànima fotogràfica d'aquestes imatges. Sense cap mena de dubte les fotografies tenen, per la seva llum, pels seus aspectes compositius, per l'afany de treball obsés d'un tema de fons i per les repeticions de fotografies en variacions, un estil fotogràfic que es pot reconèixer, la qual cosa augmenten els aspectes polièdrics de l'art i de la personalitat seu extraordinari autor.

Fotografia # 1

Agapantus sp.

LDM002. Caixa 01-02. 18x24. 317. AMCNM.

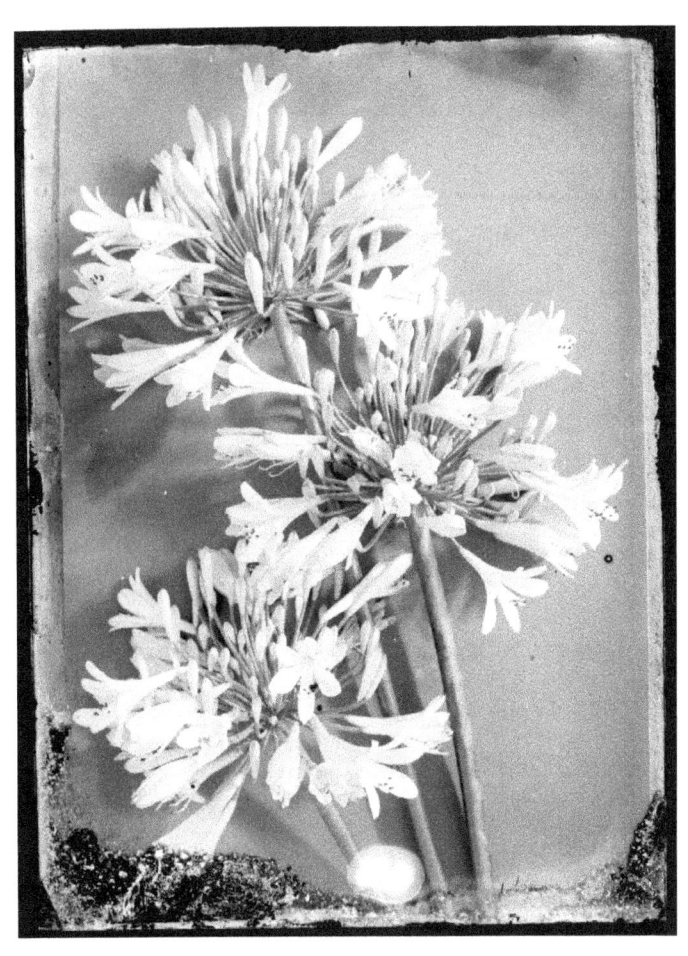

L'Agapanthus és un gènere de planta endèmic de Sud-Àfrica. És molt variable, malgrat que totes les espècies tenen un aspecte similar, amb rizomes gruixuts, fulles en forma de llargues tires o bandes i inflorescències en umbel·les a l'extrem d'un escap més alt que les fulles. Els botànics sempre han trobat dificultats per classificar les espècies d'aquest gènere. En català rep diversos noms, tals com "lliri africà", "flor de l'amor", "tuberosa blava", tot i que el més popular és "agapant".

El fons de la fotografia és un gris mig aproximadament i la diferència de les zones més clares del fons i les més fosques (les ombres de la tija, per exemple) no són gaire agosarades (del 35% al 78% grosso modo, en un monitor de mac, no calibrat i realitzant la lectura de grisos a través de Photoshop CS5). D'altra banda el blanc de les fulles té detall en gran part de les fulles blanques, perdent-se aquest detall en les zones més il·luminades, a on la presència de grisos és totalment negativa. En cap cas sembla que Domènech emprà una pantalla per rebotar la llum des de l'angle oposat a l'origen de la llum, una llum que sembla ser simplement el sol que entra d'una finestra situada a uns 30 o 40 graus respecte al pla de la composició.

La composició està ben estudiada, i té un pes arquitectònic que el porten aquestes tres tiges col·locades a diferents nivells i decantades lleugerament cap a

la esquerra de la imatge. Com veurem l'estudiada composició de cadascuna de

les fotografies fa que la mirada sobre el conjunt de les fotografies agafi revolada

i que a cada fotografia se'ns desperti l'interès.

Fotografia # 2

Rhododendron ponticum.

LDM004. Caixa 01-04. 18x24. 319. AMCNM.

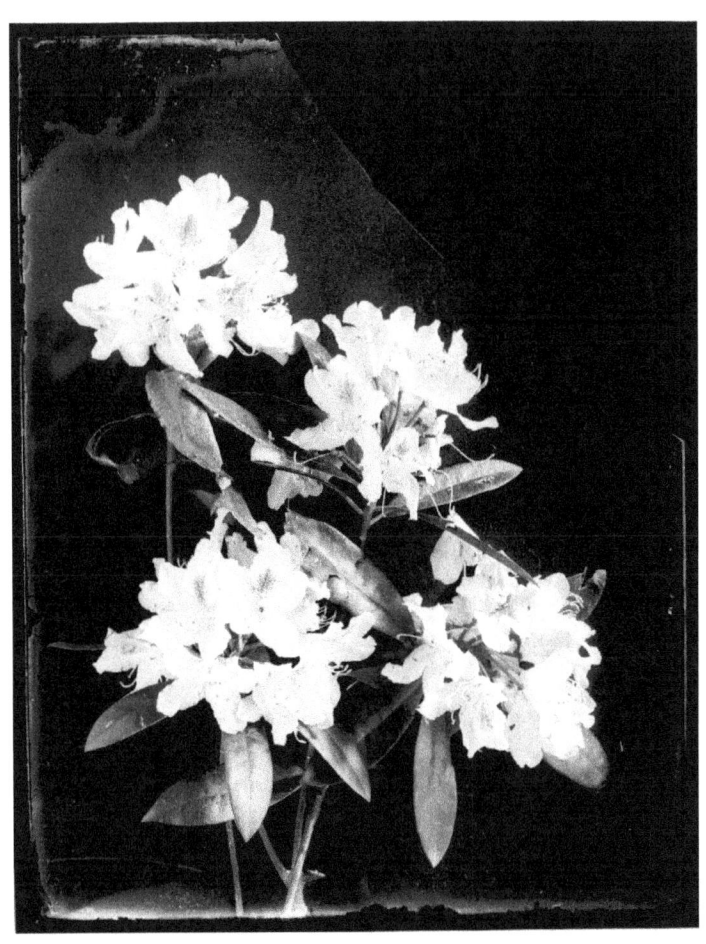

Què dir del Rhododendrum! la seva característica més cridanera és la presència de flors grans, de clor rosaci, formant verticils, fulles llustroses i coriàcies que romanen verds a la planta. Tota la planta conté alcaloides verinosos per al bestiar. S'utilitza com a planta ornamental en jardineria. La planta és originaria de Turquia, tot i que una subespècie viu al sud peninsular, el *Rhododendron ponticum baeticum*.

La fotografia esta feta sobre un fons sensiblement més fosc que l'anterior, destacant-se les flors del *Rhododendrum*. La lectura de la fotografia sembla feta a priori, doncs tres nivells queden extraordinàriament evidenciats, el gris fosc del fons —un quasi negre que va en les zones menys fosques entre el 85 al 96%— el gris clar de les fulles verdes i el blanc de les flors d'on es pot veure en detall els estams i les anteres.

La direcció de la llum és exactament la mateixa que la fotografia anterior i suggereix un procés en cadena de la producció fotogràfica, és a dir: la constitució d'un petit estudi vora una finestra —sospito que amb cortinatge translúcid— i la realització de les fotografies en unes hores determinades i concretes del dia.

Fotografia # 3

Cereus hildmannianus

LDM005. Caixa 01-05. 18x24. 320. AMCNM.

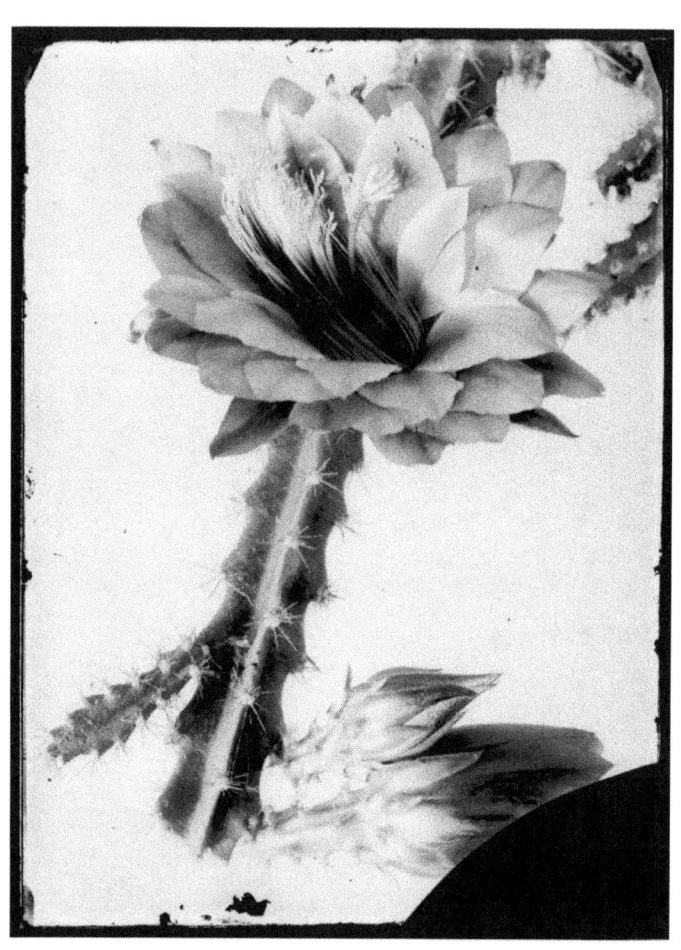

Fotografia d'una flor d'aquest *cereus*, un cactus provinent d'Amèrica (de fet la seva altra denominació és la de *cereus uruguayanus o cereus peruvianus*). Aquest tipus de *cereus* és endèmic del con sud americà tot i que es cultiva ornamentalment a tot el món. A la planta li agrada la sequedat extrema, i pot viure en ambients freds tot i que secs com l'altiplà andí. Té una varietat curiosa, la *monstrus*, que es recargola a si mateixa de forma fractal fruit d'una mutació geminaria. En condicions excepcionals aquest cactus pot arribar a agafar una alçada més que considerable, de més de 15 metres [14].

La fotografia esta feta en clau alta, amb un fons clar i neutre, les parts fosques – la tija del cactus– que també estan relativament clares. Cal destacar que ara la llum prové de l'angle invers que les altres dues fotografies. Això ens fa sospitar que la fotografia no està en la posició en que hauria d'estar i el fotògraf que va fer les digitalitzacions va cometre l'error de no posicionar les plaques en la posició correcta. De fet, col·locant la fotografia tal i com es suggereix cobra un sentit diferent, i la part escapçada resta a la part superior, quedant tot més a to amb el conjunt. Sigui com sigui cal destacar per sobre de tot l'art compositiu de Domènech al no posar la flor del cactus en la posició central de la placa. També cal advertir la no-presència d'obres al fons, cosa que ens fa sospitar la utilització de pinces que subjecten la planta lluny del fons.

---

[14] YETMAN, D. *The Great Cacti: Ethnobotany & Biografphy* Arizona, EE.UU.: The University of Arizona Press, 2007. Pàg. 35.

Fotografía # 4

Rhododendron ponticum

LDM006. Caixa 01-06. 18x24. 321. AMCNM.

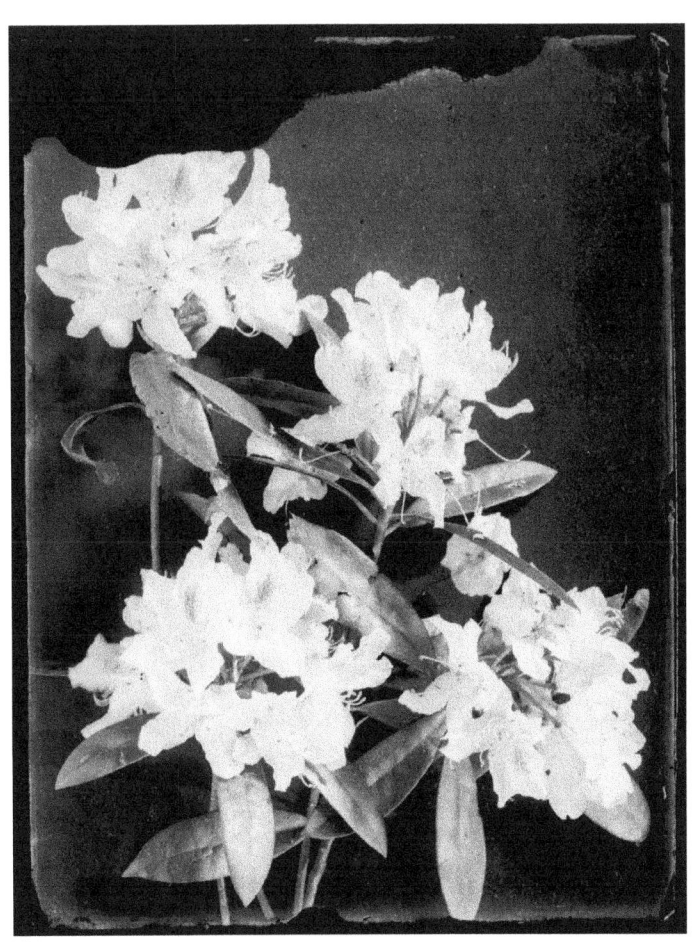

31

Aquesta és una segona fotografia d'aquesta planta provinent de Sud-Àfrica. És evident que és una segona presa de la primera feta a les *Rhododendron*, no obstant no és la mateixa fotografia: hi ha una aproximació evident del pla de la càmera a l'objecte fotografiat. Domènech va jugar aquí amb els límits de la profunditat de camp de la seva càmera, s'apropà sense voler perdre detall obturant amb un diafragma elevat, restant tota la planta en relatiu detall. Les ombres són molt matisades i sembla evident d'utilització d'un pany o una tela entre la llum solar i l'objecte fotografiat.

Aquest comportament és significatiu: el simple fet de una variació movent la càmera signifiquen recerca, perfeccionisme, obsessió. És a dir, Domènech exemplifica el que tot fotògraf fa en la seva tasca de captura d'imatges: buscar-ne la millor.

Fotografia # 5

Jacobinia (*Justicia carnea*)

LDM011. Caixa 01-11. 18x24. 326. AMCNM.

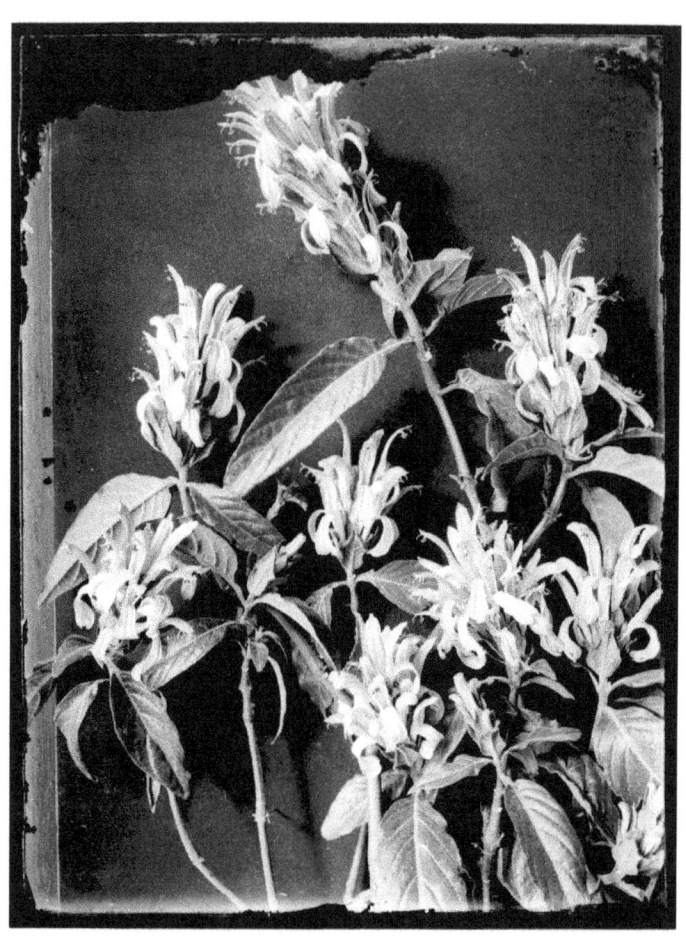

Les *justicia carnea* és una varietat que pertany a la gran família de les *Acanthaceae*. Esta composta per més de 300 espècies, entre elles la nostra jacobinia que apareix a la imatge. El nom *juticia* prové d'un jardiner escocès del segle XVIII anomenat James Justice. Les varietats són americanes, de climes tropicals, tot i que a l'època victoriana ja es van començar a conrear en hivernacles.

En referència a la composició cal observar de nou un afany de perfeccionament en l'autor, més quan oportunament deixa el marge superior dret amb aire per tal de que la foto *respiri* i la contemplació sigui més plaent. Respecte a la llum, i independentment del possible error en el fotògraf que va fer la *repro* alhora de col·locar la placa i fer-la sense deixar d'indicar les posicions en el positiu, torna a ser una llum que ve de la diagonal i continua essent molt matisada, sense ombres dures. La llum fa intuir una tela blanca entre la llum solar i l'objecte fotografiat. És pertinent destacar també el sensible pansiment de les flors. Aquesta detall del vegetal marcescible indica un interval llarg entre la captura de l'exemplar vegetal i la seva posterior captura fotogràfica. Això indica de nou un comportament obsessiu, doncs implica potser un treball apriorístic de recerca en tractats botànics per part de Domènech.

Fotografia # 6

Rosa canina (Rosa salvatge)

LDM012. Caixa 01-12. 18x24. 327. AMCNM.

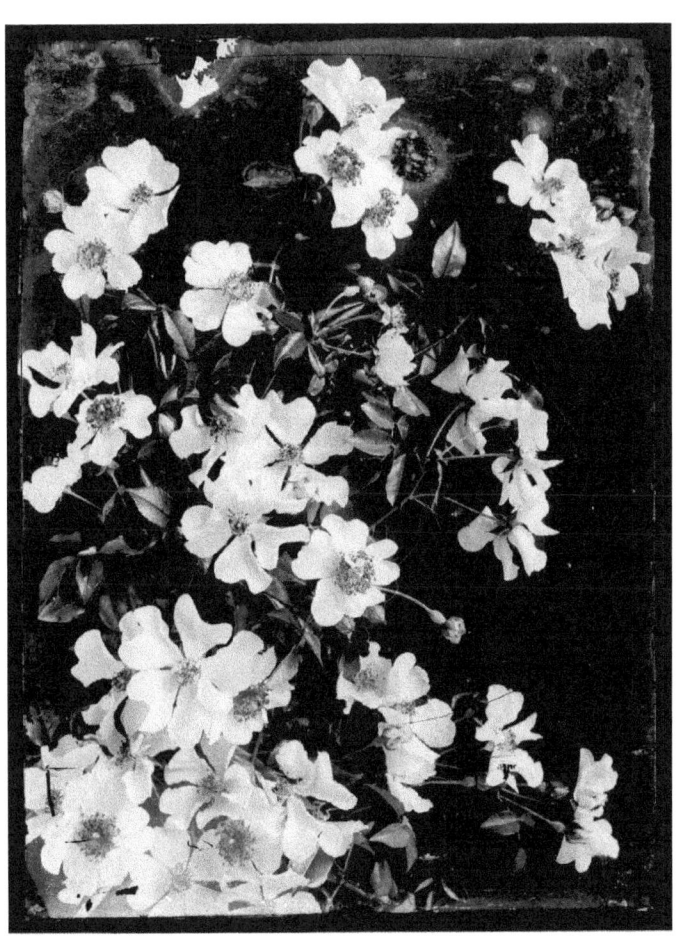

Comunament s'anomena simplement "rosa salvatge". Pertany a les rosàcies i és una planta del país –i de tota Europa– que viu arreu, a mitja muntanya. Floreix durant els mesos de maig a juliol. Les flors són blanques o lleugerament rosades; tenen 5 sèpals, 5 pètals i molts estams. Tenen el pecíol bastant llarg. Parlem d'un arbust caducifoli que fa 1'5-2 m d'alçada i que té branques amb agullons ganxuts. Les fulles són compostes entre 5 a 7 folíols dentats.

La composició de la fotografia alerta als fotògrafs professionals que ha pogut veure les fotografies que la foto està molt estudiada i no respon a cap tipus d'atzar. Segons ells cal haver invertit un bon temps en l'organització acurada de les flors en el quadre per tal d'aconseguir l'efecte global en la fotografia. D'altra banda trobem aquí l'elecció d'un fons en clau baixa que contrasti amb les flors més aviat blanquinoses. Les mateixes característiques tècniques de les anteriors fotografies en tornen a aparèixer en aquesta: composició arranjada, gran profunditat de camp, llum matisada i provinent d'un angle superior en diagonal i fons neutre sense detall –en aquest cas bastant fosc, en contrast amb les flors.

Fotografia # 7

Delphinium peregrinum (o en tot cas una *Delphinium sp*).

LDM014. Caixa 01-14. 18x24. 329. AMCNM.

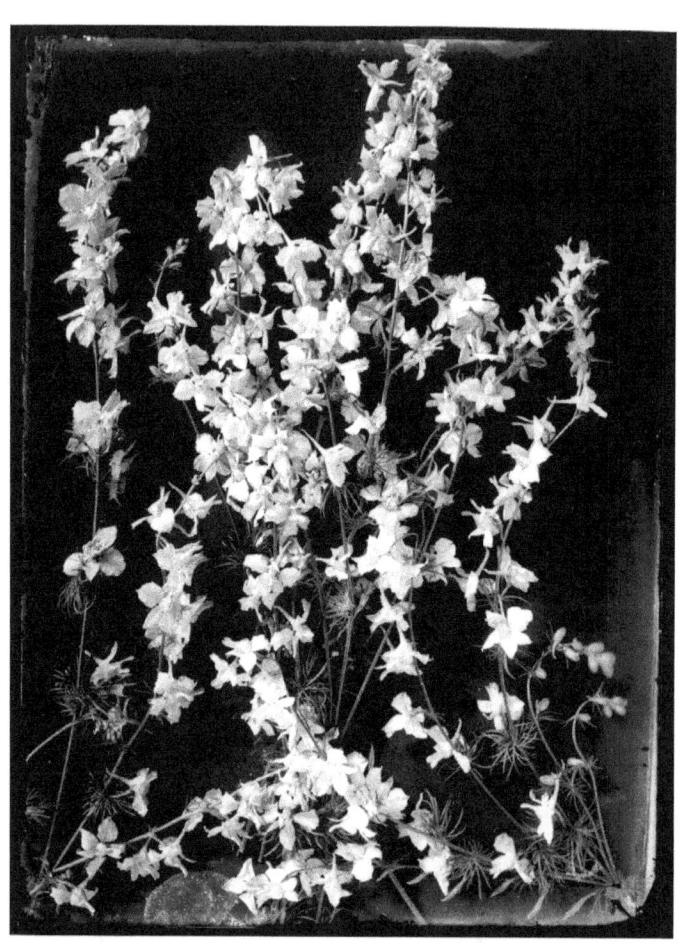

La *Delphinium peregrinum* és una herba fanerògama de la família de les *Ranunculaceae*. Té tiges erectes d'entre 30 a 80 cm, pruïnosos, amb escates ascendents. Les flors són d'un violeta intensa o violeta blavós. El periant (4 pètals) mínimament pubescents per fora, un lateral de 7 a 10 mm, més curt que l'esperó. Els sèpals més llargs que el periant, és 3 a 6 vegades més llarg que ample. Els fruits tenen moltes llavors pubescents.

Totes les parts de la planta contenen l'alcaloide que es diu *delfinidina*, el qual és molt tòxic. Produeix vòmits en ingerir-lo, i si és en grans quantitats provoca la mort. En minúscules quantitats, els extractes s'usen en la medicina natural.

En l'aspecte formal res a comentar del que s'ha dit en les anteriors fotografies: la composició és fruit d'un acurat estudi anterior a la fotografia, l'elecció del fons no és fruit de l'atzar i la llum de la fotografia torna a ser excel·lent. Només s'escapa a la perfecció parts de la planta més elevades del pla que constitueix la base on estan col·locades les flors i que fugen del focus de la càmera.

Fotografia # 8

Glaucium corniculatum (o en tot cas *glaucium sp).*

LDM015. Caixa 01-15. 18x24. Sense número CM. AMCNM.

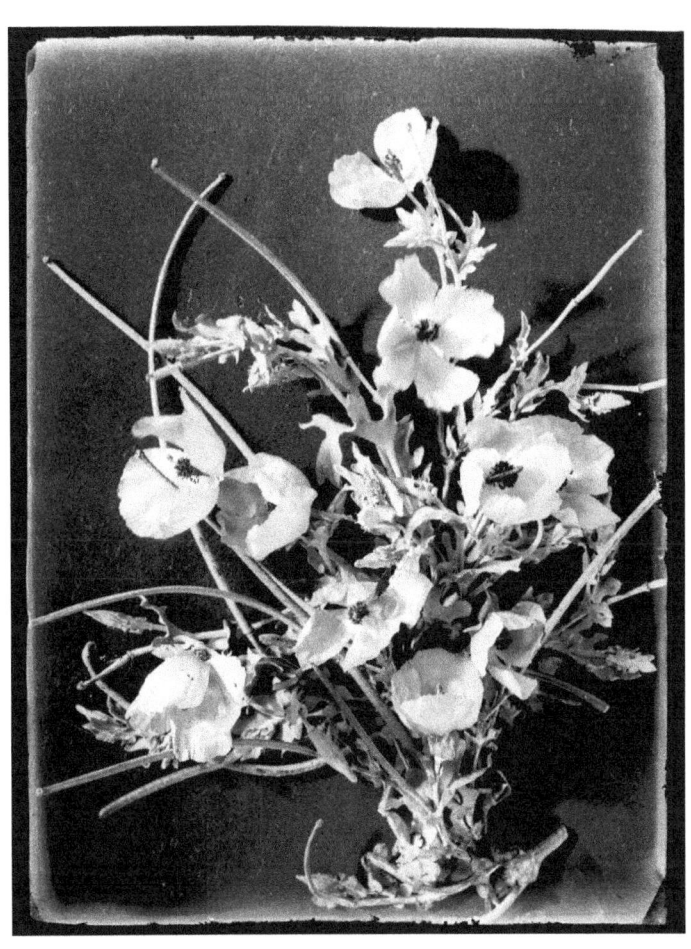

43

El *Glaucium corniculatum* té una tija pilosa recoberta d'una fina capa cerúlia glauca, del qual raja un làtex groguenc. Aconsegueix els 10-40 cm d'alçada. Les fulles són pinnatífides o pinnatipartides, de marge irregularment dentat, les basals peciolades mentre que les superiors són sèssils i amplexicaules, de consistència carnosa.

A la primavera presenta flors grans per al port de la planta (fins a 5 cm de diàmetre), axil·lars, solitàries, tetràmeres, de color taronja o vermell, mostrant de vegades taques negres a la base. Els sèpals són dos, lliures i cauen aviat. La flor és hermafrodita , amb nombrosos estams i anteres grogues ben visibles. El fruit és una càpsula allargada, superant els 10 cm, siliqüiforme, amb dehiscència de l'àpex, que és cornut, a la base, cobert per pilositats rígides. És nativa del sud-oest europeu. Creix de forma silvestre en terrenys en guaret, pastures o cultius, o la vora dels camins.

La composició de la fotografia tornar a ésser acurada en extrem, advertir-se una mena de patró en les fotografies: caiguda en diagonal de la composició en un angle de 45 graus ja sigui aquesta provinent de la dreta o de l'esquerra.

Fotografía # 9

Jasminum sp (possiblement una *jasminum grandiflorum*).
LDM016. Caixa 02-01. 18x24. 331. AMCNM.

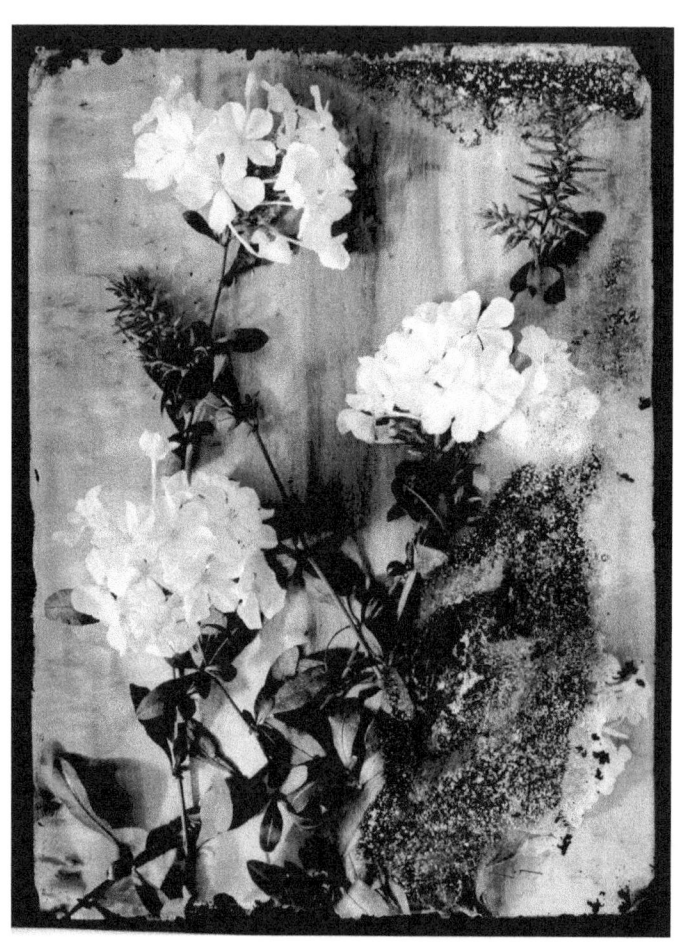

De *jasminum* hi ha més de 300 espècies, especulem que és la *grandiflorum* l'espècie en qüestió de la fotografia. Prové originàriament del nord-est africà i d'Aràbia. És una planta trepadora, de flors perennes, de flors blanques i ben perfumades.

L'origen d'aquesta flor ens fa pales que Domènech no només recollia les flors que tenia més a l'abast sinó que també n'encarregava de fora per fotografiar-les de manera expressa.

En aquesta fotografia s'aprecia una diferència respecte a les altres: el fons passa a ser directament el que sembla una peça de fusta tallada, possiblement directament una taula d'estudi.

Fotografia # 10

Pyrus comunnis i *diplotaxis erucoides.*

LDM017. Caixa 02-02. 332. 18x24. AMCNM.

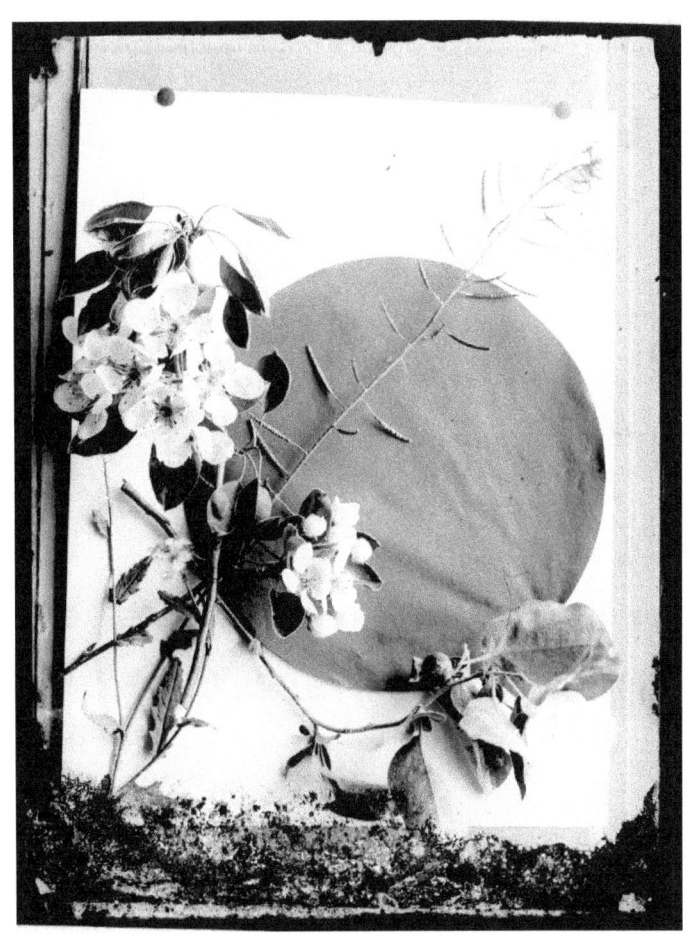

Flor del perer juntament amb alguna fulla de la *diplotaxis,* que és una planta silvestre. La composició és aquí múltiple i elaborada, amb l'afegit d'emprar un fons amb un cercle que ens recorda quelcom japonès o oriental. L'orientalisme és evident en aquesta fotografia experimental. Aquest orientalisme no era gens estrany pel Modernisme ja fos aquest de la Barcelona Modernista, de la *sezession* vienesa, de l'*Art Nouevau* Parisenc o de la dinàmica Brussel·les d'en Victor Horta. L'art japonès, per exemple, era referència estètica sobretot en joieria i en el disseny de mobiliari. És evident que en el món globalitzat de finals del XIX no només l'estètica, les idees i la tècnica occidentals eren les que *anaven*, sinó que també fou el temps, per alguns occidentals, de descobrir, gràcies a la mateixa ona expansiva europea, tot allò magnífic que no era europeu. Per no estendre'ns més en aquests tema apassionant que consistia en acabar de dibuixar les poques terres que restaven incògnites al globus terraqüis direm que la diagonal compositiva de 45 graus –que ens indica l'elevat grau de seriació– se'ns va evident als ulls mitjançant la brancó que creua la fotografia.

Fotografia # 11

Delphinium peregrinum (en tot cas *Delphinium sp.*).

LDM026. Caixa 02-11. 18x24. 341. AMCNM.

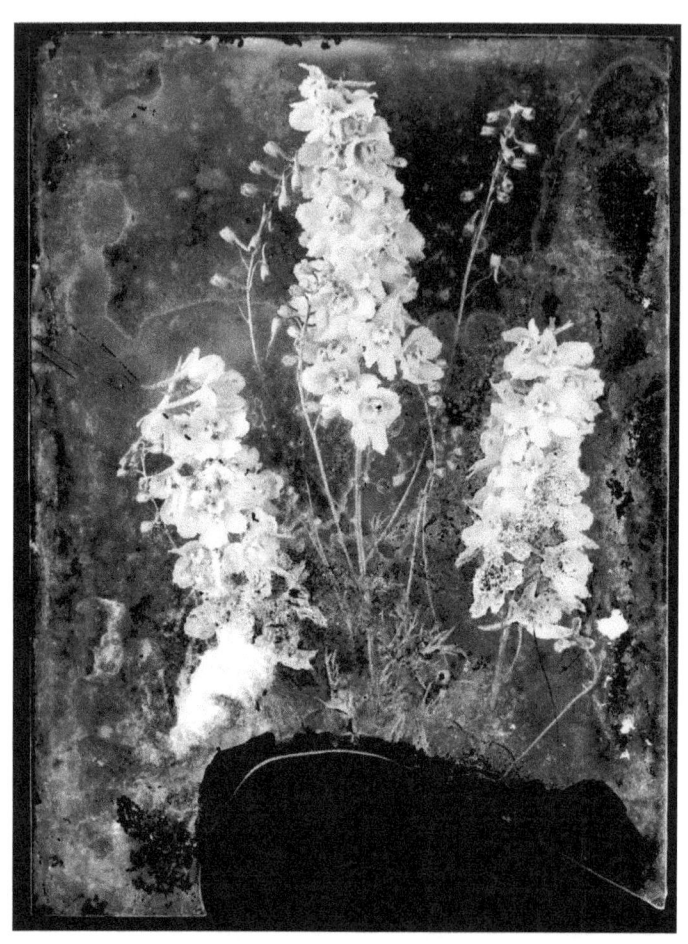

No repetirem el que ja s'ha dit de l'anterior *delphinium*. En tot cas constatar l'existència d'un assaig en part basat en el tanteig i en l'error. Domènech realitzava aquesta estratègia per tal d'aconseguir el millor resultat. En aquest cas i a diferència de l'anterior ha apropat la càmera fins al límit de l'enfoc per tal d'engrandir i detallar, encara més, les peculiaritats específiques de la planta.

La composició no ens és estranya: tres branques en disposició vertical sobre fons gris. Com veiem la placa està trencada en la seva banda inferior i la seva emulsió esta bastant deteriorada.

Fotografia # 12
Campanula (possiblement *Campanula alliariifolia*).
LDM028. Caixa 02-13. 18x24. 343. AMCNM.

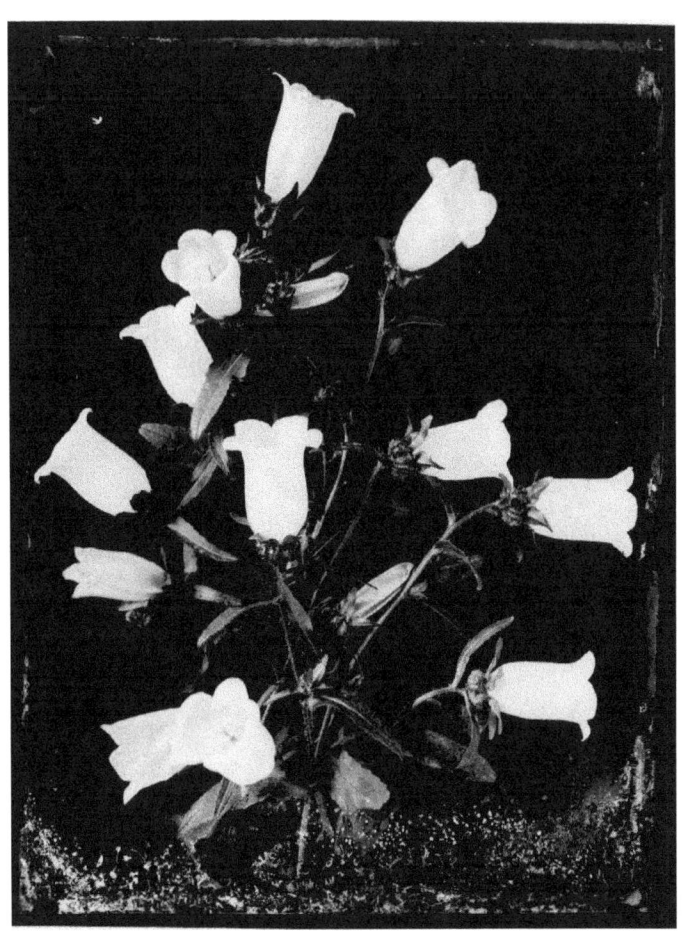

Del llatí "campana" per la forma evident de la corol·la. Tenen flors de color violeta o blavosa, potser ataronjada, com la *canaris canariensis*, rarament blanques, per la qual cosa ens decantem per que aquesta campànula sigui una *alliariifolia*. Aquesta planta és una planta ornamental d'origen caucasià i de la Turquia asiàtica. Domènech emprà aquí un fons negre en contrast amb la claror de les campànules cosa que fa que la fotografia estigui plena de *taques* que formen un volum especial dintre de la fotografia. En la composició destaca que , tot i estar plena de flors –fins a 11– la fotografia no sembli atapeïda perquè respira aire en tots els cantons.

Fotografia # 13

Rhododendron ponticum.

LDM029. Caixa 02-14. 18x24. 344. AMCNM.

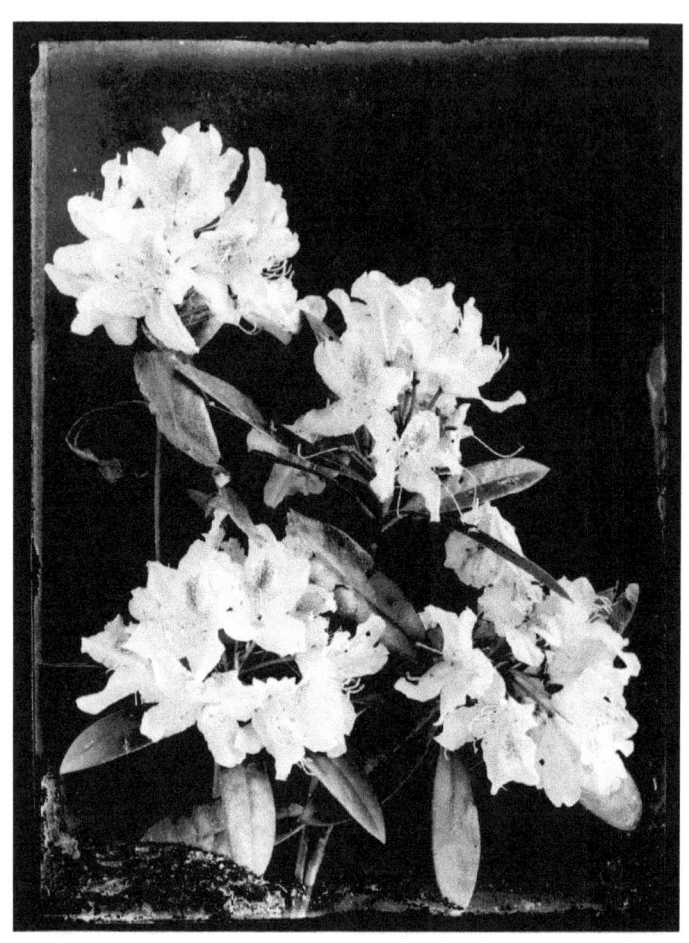

És aquest el tercer cop que ens apareix aquesta mateixa planta. Observarem que és una segona presa de la segona variant, atès que la composició és la mateixa que la segona fotografia del *Rhododendrom*. Com ja s'ha comentat abans aquest comportament perfeccionista ens alerta encara més de l'existència d'un fotògraf dintre de les múltiples facetes de Domènech.

Per tal d'afegir una dada interessant en aquest cas cal dir que la planta no creix de forma salvatge al quadrant nord-est peninsular, només al quadrant sud-oest de la península ibèrica, en altures entre els 300 i els 1000 metres (la varietat dita *baeticum*)[15]. Això fa pensar en allò que ja s'ha esmentat abans: que Domènech encarregava flors concretes per poder-les fotografiar, flors les quals no estaven a l'abast geogràfic accessible per a una persona del Maresme.

[15] LÓPEZ GONZALES, G. *Los árboles y arbustos de la península Ibèrica e Islas Baleares*. Tomo II. Mundiprensa, Madrid: 2a, ed. 2006. Pàg. 1213 a 1216.

Fotografía # 14

Chrysanthemun vulgare (o *Tanacetum vulgare*).

LDM030. Caixa 02-15. 18x24. 345. AMCNM.

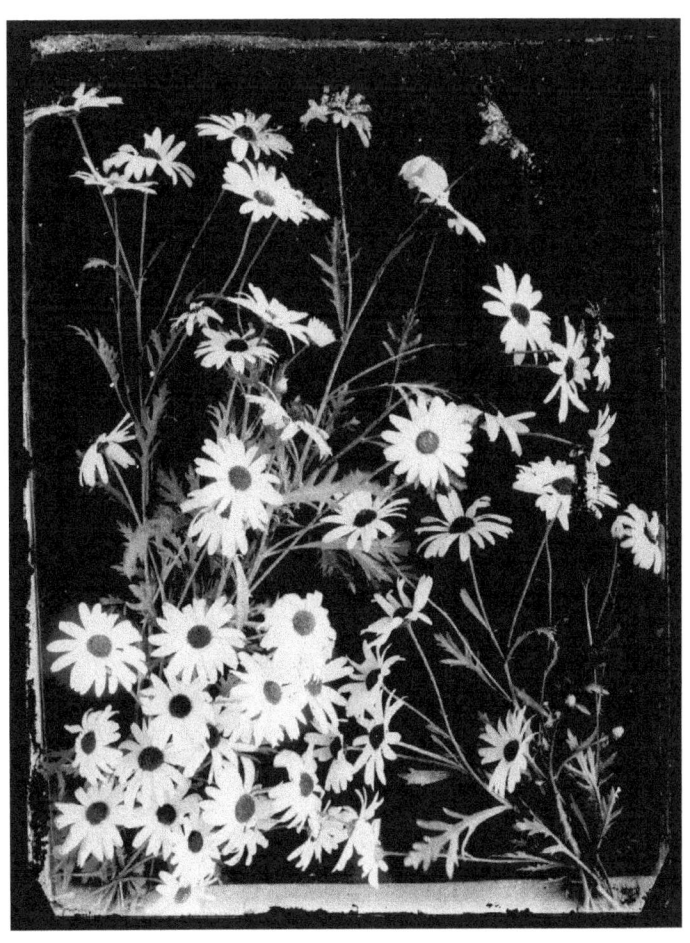

Les margarides, apreciades per les seves propietats ornamentals, aromàtiques i farmacèutiques, són flors comunes d' Euràsia i que es troben ja arreu del món. A casa nostra es troba especialment al nord del Països Catalans, com per exemple a les comarques del Rosselló, la Cerdanya o la Garrotxa, però també a la resta del Principat i al País Valencià, en canvi no la trobem a les Illes Balears. Des de l'antigor s'ha utilitzat per les seves virtuts medicinals. Tenen acció vermífuga, és a dir provoca l'expulsió dels cucs paràsits intestinals. La infusió de flors és un antihelmíntic recomanat contra les ascàrides i oxiürs. Alhora també serveix per a combatre el reumatisme amb simples aplicacions externes. Útil en les migranyes i problemes menstruals en general, s'utilitza també en infusió o extracte fluid (té el principi actiu de la matricarina). Presenta activitat com a immunomodulador. Degut a la presència de flavonoides i d'àcid cafèic, també pot actuar com a diürètic.

A nivell formal en aquesta fotografia destaquem una composició singular on una densitat especialment alta de flors es concentren a la base inferior esquerra de la imatge, fent que la resta quedi alliberada per contrast de tanta flor. Domènech definitivament sabia el què es feia. El fons sembla ser una cartolina de color negre o grisa col·locada *ex professo* per accentuar el contrast amb les margarides a falta d'una llum dura i potent per provocar aquest contrast.

Fotografia # 15

Cereus hildmannianus.

LDM048. Caixa 05-02. 18x24. AMCNM.

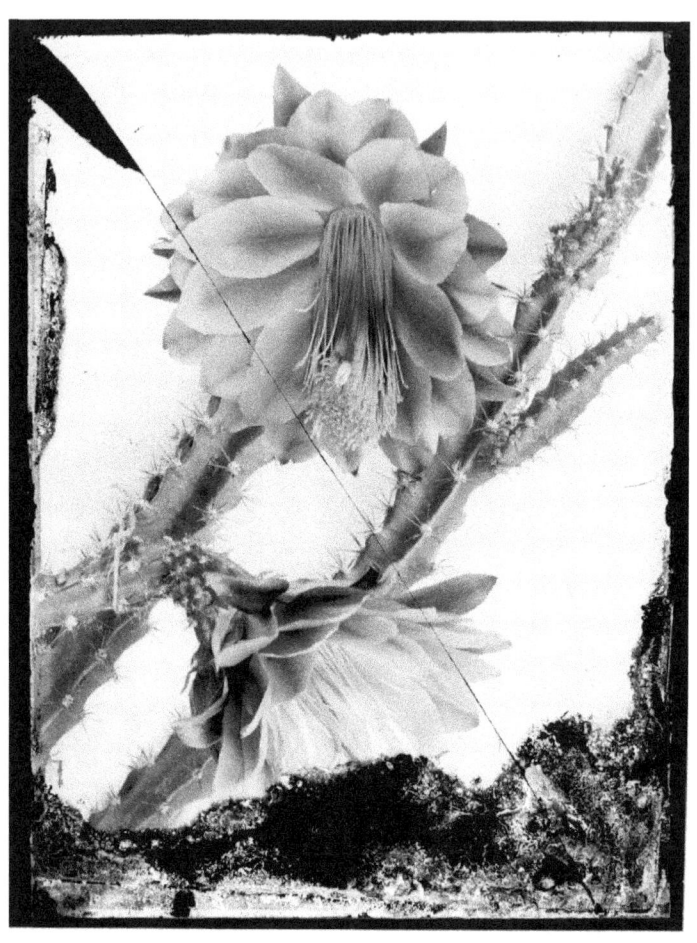

Aquí tenim una segona fotografia –no es la mateixa que abans– d'un *cereus*, que com ja sabem és un cactus provinent d'Amèrica. En aquesta segona fotografia la lent a variat el quadre general i sembla que s'ha apropat sense perdre l'enfoc. La fotografia esta més aconseguida. També advertim la no-presencia d'ombres al fons cosa que suggereix la col·locació separada de la planta respecte el fons mitjançant estris com ara simples pinces. Com a fotògrafs que alguns som ens preguntem què no hauria fet Domènech si hagués conegut els anells d'extensió.

Fotografia # 16

Paisatge de plataner i pins.

LDM031. Caixa 02-16. 18x24. 346. AMCNM.

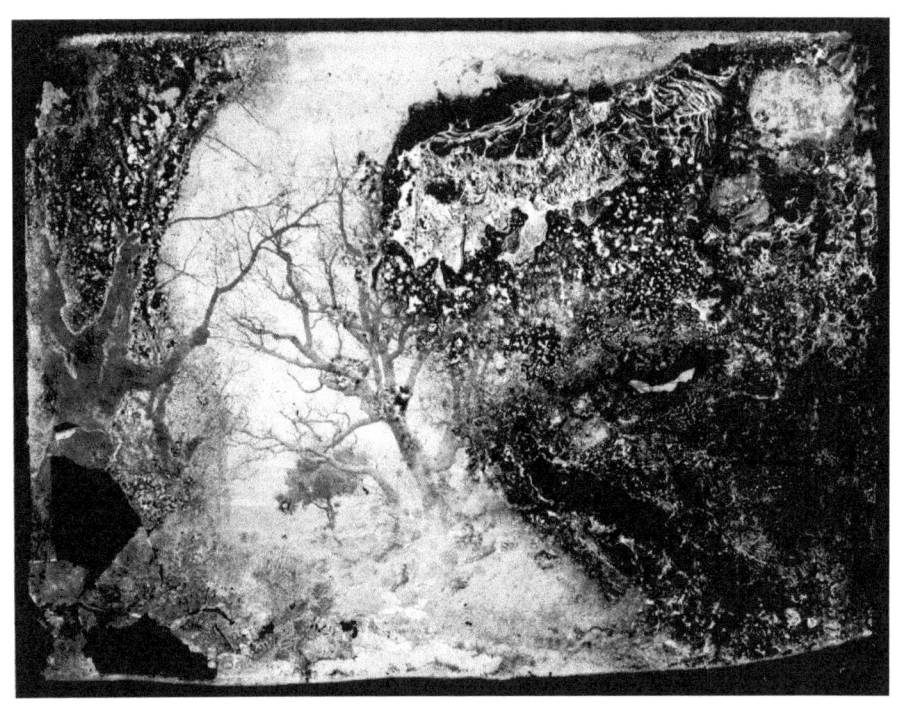

Tot i que no correspon a la temàtica dels bodegons vegetals he considerat pertinent afegir-la aquí, en aquesta selecció, per tal satisfer la curiositat del lector respecte al tractament paisatgístic que en fa l'autor. En aquest paisatge malmès, amb l'emulsió en molt mal estat, podem observar un pi mediterrani (possiblement un simple *pinus pinaster*) al fons juntament amb el que sembla un plataner *(platanus)* en primer terme sense fulles. Ens es fàcil datar, si més no estacionament, aquesta fotografia: un hivern canetenc entre els anys compresos entre 1878 i 1918. La sensibilitat de Domènech està for a de dubte: unes patètiques branques pelades són capaces de commoure'l.

Fotografia # 17

Heura *(Hedera helix)*, niu i escarabat *(bupresidae)*.

LDM041. Caixa 03-07. 13x18. 356. AMCNM.

Una part de l'enfiladissa podria tractar-se d'una arítjol sense fruits (o sigui un *Smilax aspera*, abans de la tardor) però per no errar podem dir que és una simple *Hedera helix*, planta molt comuna als Països Catalans. Encara que les seves propietats medicinals van ser reconegudes en el segle XX, l'heura va tenir molta reputació com planta "màgica" en l'antiguitat perquè protegia contra els mals esperits i contra la borratxera, mantenint-se una fulla al front (per això va ser dedicada al deu Dionís). Per això, aquelles tavernes que tenien pintada una heura a la porta, era una espècie de seguretat pels parroquians, puix que significava que allà es venia "bon vi". A més a més, les corones d'heura representaven el símbol de la fidelitat, adornant les celebracions matrimonials en la Grècia clàssica. Posteriorment, el cristianisme conlligat al poder polític va prohibir aquest tipus de celebracions per ésser clarament paganes. Degut a la seva longevitat –més de 500 anys poden viure[16]– , aquesta espècie va ser venerada com a símbol d'immortalitat. A la fotografia també ens apareix un buprèstid (*bupresidae*). Un insecte molt comú dels camps pels seu caràcter polífag.

La fotografia, tècnicament, és sorprenent: Domènech no només fa una estranya composició entre tres elements: un de vegetal i un d'altre d'animal i un element material com un niu sinó que compositivament deixa en la fotografia un gran

---

16 STUART, M. *The encyclopedia of herbs and herbalism.* Orbis, 1984. Pàg. 200.

espai buit que domina l'escena sense elements. El quadre queda, de manera ostensible, reposant en una de les bandes de la fotografia, en el que sembla aparèixer una mena de tronc.

Fotografia # 18

Fulles de roser (*Rosa canina L.*), herba de prat i escarabat *(buprestidae)*.
LDM044. Caixa 03-10. 13x18. 359. AMCNM.

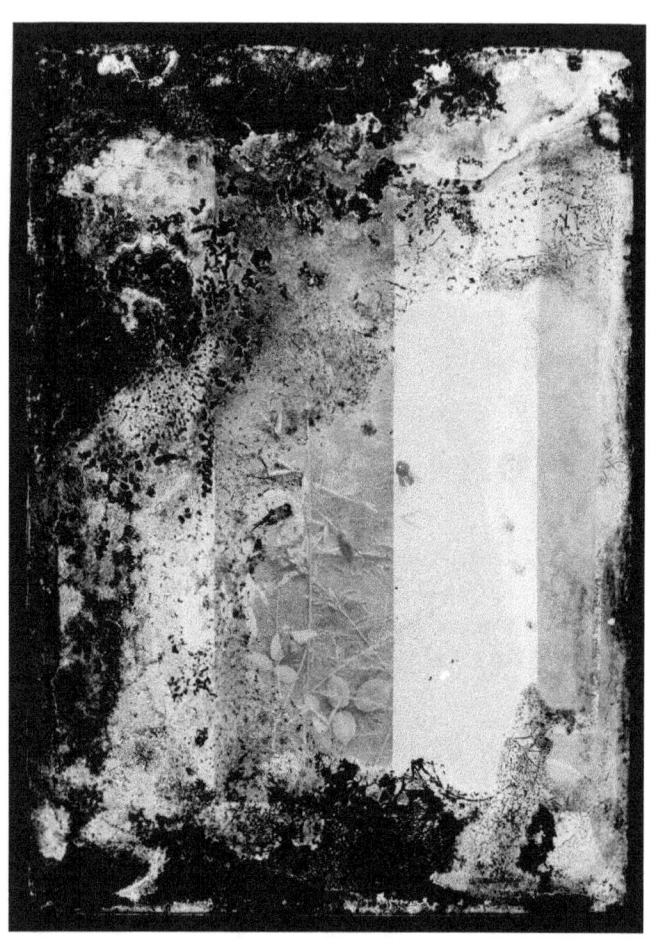

La composició és ben curiosa: fulles de roser silvestre (*Rosa canina L.*), bri d'herba i un escarabat buprèstid (*buprestidae*) sobre un fots que semblaria un tram d'una bandera catalana. Les associacions són aquí arbitraries i potser pertanyen més a l'àmbit de la psicologia lacaniana que no pas d'una lectura formal de les coses. Potser el que hi ha, més enllà dels elements de la mateixa imatge, és una gran metàfora sobre els sentiments generats en relació al catalanisme en el seu vessant polític. O això és el que es pot dir si gosem relacionar les branques del roser –i les seves espines– amb la pàtria catalana, doncs són ben conegudes les insatisfaccions, els desafectes i les lluites d'egos d'aquell catalanisme polític on Domènech participà activament i del que, més tard, n'emetrà més planys que no pas lloances, criticant desinhibidament però sense públic una gran pobresa d'esperit i de *grandesa*.

Fotografia # 19

Rosella salvatge (*Papaver rhoeas*).

LDM043.Caixa 03-09. 13x18. 358. AMCNM.

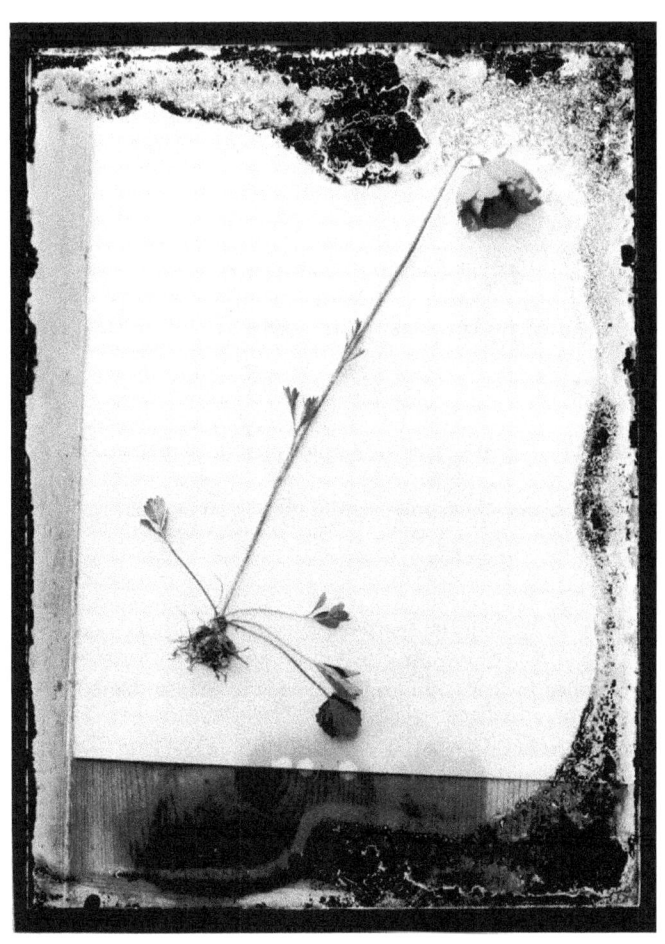

Parlem d'una rosella (*Papaver rhoeas*) fotografiada amb l'arrel i un xic de terra. La rosella apareix en tots els marges dels rials canetencs que van a parar al mar. Però també ens apareix en qualsevol camp cultivat. Aquesta planta rep diversos noms com ara els de roella, gallaret, quicaracoc, badabadoc, paperola o paparola i quiquiriquic, entre d'altres. És una herbàcia, de la família de les papaveràcies i es troba present gairebé arreu del món.

La flors, a banda de ser emprada des de l'època medieval per a tints vermells té una sèrie de components químics alcaloides molt coneguts ja des de l'antigor. En l'antiga Grècia Teofrast propiciava el seu consum alimentari en forma d'amanida fresca, mentre que Dioscòrides en propiciava un ús hipnòtic.

A nivell formal destaquem l'extrema suavitat de la llum i col·locació d'una làmina blanca per provocar un contrast evident amb la planta. Això fa sospitar l'existència d'una acció posterior per part de Domènech: la positivació i l'ús d'un marginador (o si més no de l'acció de marginar la imatge) per tal de concretar la imatge en un fons blanc.

Fotografia # 20

Roure martinenc (*Quercus pubescens*), falguera (*Filicophyta*) i card marià (*Silybum marianum*).

LDM040. Caixa 03-06. 13x18. 355. AMCNM.

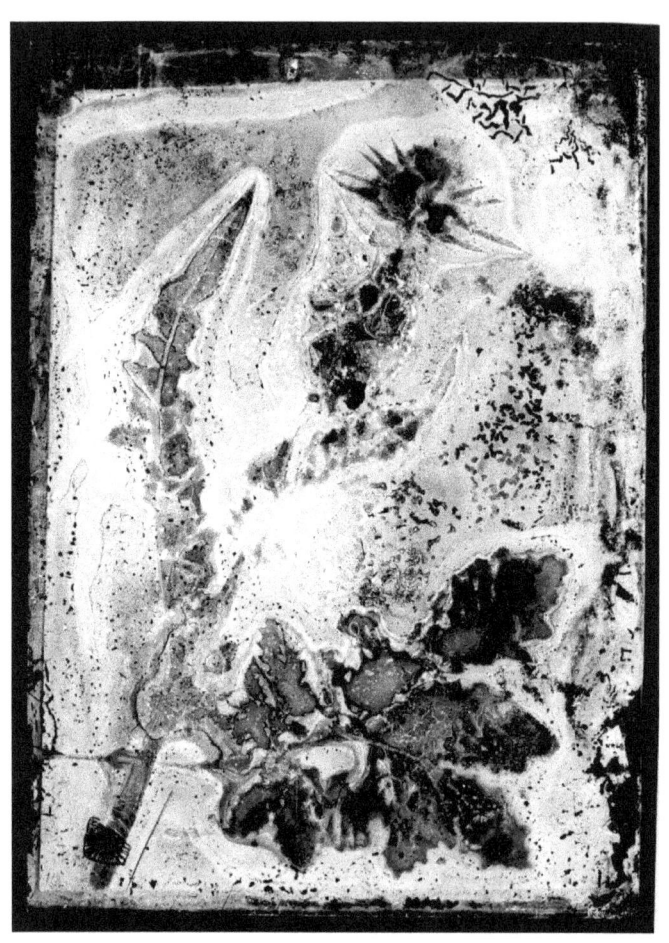

80

El roure (*Quercus pubescens*) és un arbre molt comú a Europa en altituds mitjanes fins a zones litorals. En l'actualitat difícilment el veiem vora els vessants del Montnegre col·locats a llevant però en dècades passades la seva presència era més gran en aquestes contrades més properes al litoral [17]. La falguera (*Filicophyta*) presents ja des de el triàsic és una planta que com sabem es reprodueix per espores no pas per llavors i que agrada de viure em paratges humits i relativament ombrívols. D'altra banda el card marià (*Silybum marianum*) és una planta amb flor de la família de les asteràcies o compostes. El trobem a tota la regió mediterrània sobretot cap al sud d'Europa i la Península Ibèrica, les Canàries, l'Àsia Menor i nord d'Àfrica. També se l'anomena card lleter, card gallofer, cardot, carxofa de burro, card burral, escardot gros, card clapat, card calapatós, card blanc i *escardot de Nostra Senyora*.

El card marià es cultivava com a verdura en l'antigor doncs la tija i les fulles són enterament comestibles. D'altra banda ens trobem de nou davant una planta amb un munt de components químics que era emprada sobretot per infeccions de fetge (de fet popularment era coneguda com "guardiana del fetge"). Els components de les seves flors han estat tradicionalment un antídot per la ingesta tòxica de bolets com l'*amanita phalloides*.

---

[17] DA. *Història Natural dels Països Catalans. Plantes superiors, volum 6.* Barcelona: Ed. Enciclopèdia Catalana. 1988.

Crec que aquesta composició fotogràfica mereix un punt i a part doncs no només els elements compresos en la imatge i la seva disposició sinó també els desenfoc de grans parts dels elements així com el desgast fortuït del vidre del negatiu i la pèrdua de l'emulsió fan d'aquesta fotografia una composició fortuïtament abstracta i posa en evidència la potència que hi ha en la fotografia de Domènech.

Fotografia # 21

Composició amb una costella d'Adam *(Monstera deliciosa)* amb branques d'alzinar o roure, guitarra, cercle i niu.

LDM071. Caixa 03-16. 13x18. Sense Número CM. AMCNM.

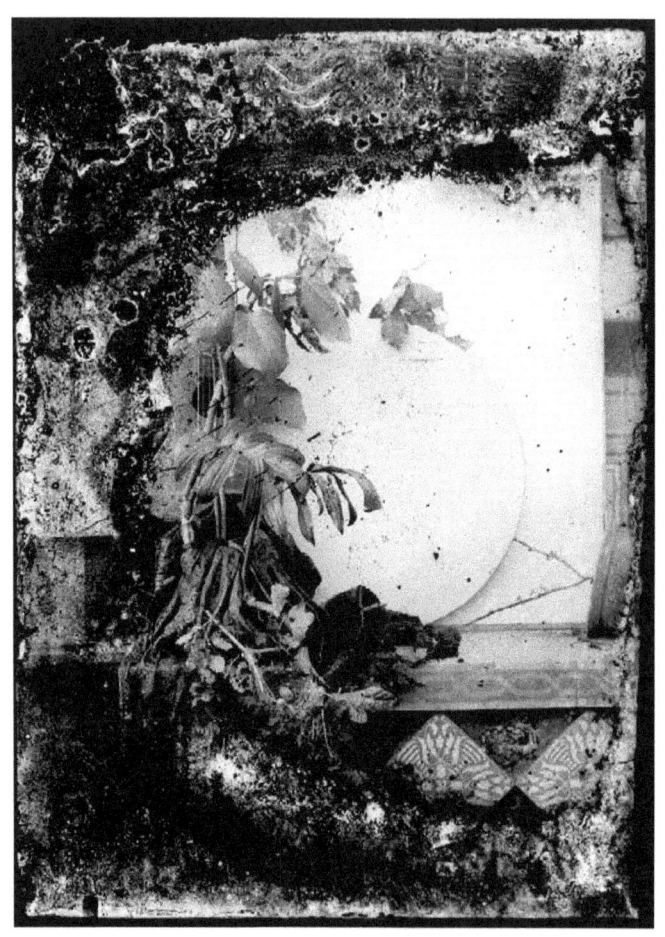

La monstera deliciosa o simplement monstera, és una espècie de planta enfiladissa pròpia de la zona tropical plujosa que va del sud de Mèxic fins el sud de Panamà però estesa pel conreu a altres zones tropicals i subtropicals, com Madeira per exemple. També és una planta d'interior corrent però en aquestes condicions, en climes temperats, ni floreix ni fa fruit. La planta és ombrívola i té una tija gruixuda que arriba a fer 20 metres d'alt. En estat silvestre s'enfila als arbres. Té fulles en forma de cor de 25-90 cm de llarg per 25-75 cm d'ample. Les fulles adultes són amb lòbuls. Els fruits fa uns 25 cm de llarg i 3-4 cm de diàmetre, similar a una panotxa de blat de moro. El fruit s'ha de menjar madur (triga un any en fer-ho) ja que si s'intenta menjar immadur és verinós (no pas mortal) per la gran quantitat d'àcid oxàlic que conté. Tanmateix el fruit immadur no té bon gust i són rars els accidents.

Les fulles laminades més grosses (també es pot dir laciniades o lobulades)de baix són les velles, i les rombiformes (o cordiformes) de dalt són les joves. Hi ha més coses: possiblement les fulles a dalt de tot, amagades per una esfera blanca que semblen d'una branca que sembla d'alzina o roure, a baix de tot, sembla que hi torna a haver-hi un niu. El conjunt s'emmarca en un suport enrajolat que sembla ser el d'una font o d'un pou d'un jardí privat.

A la imatge aquests elements estan combinats d'una manera que recorda ja l'anterior fotografia on ens apareix un cercle. La proposta de l'autor no és de fotògraf amateur, és la d'una persona amb finalitat matricial abans de l'*actio*. Sorprès i és significatiu la trobada d'un niu –de nou– cosa que psicològicament sembla indicar quelcom per néixer. La presència de la guitarra sembla una concessió a les tendències hispanòfiles tant en boga en aquella època a nivell mundial. Només cal penar en la quantitat de *giraldes* que s'amaguen en un gran nombre de gratacels estatunidencs aixecats a partir de 1890, època en que l'autor va fer gran part d'aquestes fotografies[18].

Cal destacar una cosa que no s'aprecia en les altres: la guitarra sembla exageradament petita respecte a les plantes. O era una guitarra de nen petit o Domènech estava fent dobles exposicions i jugant amb aquesta tècnica. Realment la qualitat de la imatge no permet establir-ho amb seguretat, però queda plantejada aquesta sospita.

---

[18] KAGAN, R. *Spain in America: The Origins of Hispanism in the United States.* 2002.
Crec que és oportú destacar que les tendències necròfagues de la cultura nord-americana són evidents. Respecte a l'arquitectura cal constatar-se la incorporació –sobretot en elements arquitectònics– d'elements de cultures en evident declivi com *eo ipso* l'espanyola de finals del XIX. Un altre exemple, més contemporani i aquest ben conegut és la conversió d'un clàssic element funerari com la piràmide en un casino (ens referim al conegudíssim casino "Luxor" de Las Vegas).

IIII.   **Sobre la genealogia ontològica de la fotografia.**

Tot i ser unes plaques de vidre mig escapçades, i amb l'emulsió de més d'una ben atrotinada hom pot exclamar, sense cap dubte, que són obres meravelloses. Qualsevol fotògraf s'atura a veure-les amb l'atenció que es mereixen i és aquest aturar-se en la contemplació el *pensum* mateix alhora de ser analitzades, doncs potser què ens fa més humans és la capacitat de meravellar-nos de les coses. Ben bé que ens podem meravellar d'aquestes fotografies! malgrat el desgast de les plaques, malgrat ser unitats trencades i ratllades fruït d'una més que pèssima conservació, s'ha de dir que resta encara en elles una bellesa inherent.

De fet, en totes elles hi ha una falsa discontinuïtat: es fan fer, es van descartar, es van arraconar i es van tornar a descobrir per veure-les de nou al cap d'un segle. Es van amagar i les vam tornar a descobrir, variant el discurs fotogràfic i ampliant el seu originari i càndid *per se*. És per això que la discontinuïtat no és tal doncs han aparegut i ho han fet per reverberar el discurs del moment en què es van produir i afectar de nou el seu present, que és també el d'ara. D'exposicions formades per aquestes fotografies en veurem de ben segur i, pel que sé, ja se'n prepara una a la Casa-museu de Canet de Mar.

Domènech realitzà aquesta colla de fotografies en un moments en que la fotografia encara es preocupava pràcticament (exceptuant l'agudesa d'alguns fotògrafs) només d'allò que passava davant seu. La fotografia explorava llavors, jovenívolament encuriosida, nous mons globals que s'obrien de bat a bat als sempre insaciables europeus. De la mà de fotògrafs com Felice Beato a l'orient o Edward Curtis en els territoris indis americans o els membres de la *Mission photographique* francesa a l'orient mitjà i l'Àfrica els comuns dels europeus començaren a perdre la centralitat al veure's uns éssers més del conjunt de la humanitat. Els europeus van exportar la seva eurocentricitat al llarg de tot el XIX, amb tot de normes empíriques i amb el dret de la dominació atorgat per la tècnica, però el que importaren va ser l'evidència de que al capdavall la diversitat no pot resumir-se en una síntesi i és en la pràctica fotogràfica on això es va copsar per primer cop.

Alhora la fotografia també explorava el món interior d'Europa i dels Europeus a través dels seus usos, fossin aquests el diferents tipus de retrats (des de els usuals i canònics retrats dels matrimonis, fins els policíacs, els fúnebres o els pornogràfics) o les simples fotografies documentals de paisatges urbans i rurals. Era un món on els fotògrafs es reunien en cenacles atès que es pensaven els sacerdots d'un saber nou que s'havia d'incloure dintre de les Arts Majors, així, en majúscules. Ho demanaven encara que de manera poc original aquests membres dels cenacles tant sols imitaven, amb voluptuositat barroca, la pintura dels mestres pictòrics.

Però la fotografia i la progressiva popularització entre els burgesos de l'època capaços de poder-se comprar una càmera de plaques no podia ser reduïda a la simple recreació d'escenes pictòriques. Era quelcom de més important. I com veurem els pictoralistes seran superats per la pròpia generalització dels usos fotogràfics i per la seva gairebé total democratització: l'aparició de la càmera de 35mm. *You press the buttom we do the rest* resarà l'eslògan de Kodak. Però no ens avancem.

Fins ara no hem reconegut a Domènech com a fotògraf perquè molts de nosaltres no havíem vist les seves fotografies, i alhora perquè tampoc ell s'hi va reconèixer mai com a tal. Allò que és meravellós aquí és que ara, molts anys després, altres ulls com els nostres, atordits de soroll i cansats de l'abús de la imatgeria digital, ens aturem i cerquem a unes imatges *noves* podent atorgar-les un nou sentit. Aquí el sentit no només a les referències que es produeixen entre elles mateixes i entre elles i l'autor en la seva recerca, sinó també a les referències que observem fruït de tot allò que van generar *més enllà d'elles*. Amb aquestes informacions podrem aportar quelcom nou de ben segur donarà nous sentits a les explicacions estètiques, artístiques i històriques de l'obra del nostre – ja no tant sols– arquitecte.

Tot això em recorda la "Màgia *de longue durée*" que comentava en Mariano Zuzunaga. Per aquest fotògraf i teòric de la fotografia el fotògraf –aquí i ara Domènech i Montaner, el nostre arquitecte– apareix, desapareix i reapareix en el temps gràcies a les seves fotografies. No és un concepte radicalment nou: el nostre Walter Benjamin ja el va sospitar amb el seu concepte de *Jetztzeit* o *la presència del temps en l'ara* –un present, passat i futur totalment simultanis–. La fotografia –i de fet totes les imatges– semblen tenir aquesta ubiqüitat més divina que no terrena.

Les fotografies són un mitjà òptic a través del qual podem generar sentit. Seguint el fil discursiu exposat puc parafrasejar a Benjamin tot "forçant" el sentit d'un conegut aforisme: *"L'home es comunica en* la imatge, *no per* la imatge*"* [19]. És de rigor advertir que a la cita original es parlava del llenguatge, cosa que fa que calgui –no pas amb gran esforç– posar a un mateix nivell llenguatge i imatge. Ja Vilém Flusser s'encarregà de defensar amb criteri el caràcter primigeni de la imatge en relació a qualsevol llenguatge escrit [20]. De fet la mateixa *icona mania* religiosa és també garant de que la imatge no és només imatge: és refugi i llança. Una obra demiúrgica de la qual l'home ha estat el creador, però no en té el control absolut tot i ser el seu protagonista-funcionari, com diria Flusser. Al cap i a la fi la fotografia és gairebé quàntica: sabem el que passa amb ella, però no *com* passa. En sabem l'origen i els efectes, i tot el coneixement fisicoquímic del procés quan aquest era analògic així com també sabem el procés científic-

---

[19] La cita original de W. Benjamin és *"L'home es comunica en el llenguatge, no per el llenguatge"*.
[20] FLUSSER, V. *Towards a philosophy of photography*. Reaction Books. 2000.

tecnològic quan aquest procés es digital, no obstant no en sabem tots els ets i

uts de la transmissió semàntica-psicològica que se'n fa a través d'elles.

És ben conegut per alguns fotògrafs que Benjamin, estudiós de molts

àmbits, considerava la fotografia com *a el primer mitjà de reproducció de veritat*

revolucionari[21]. Cal ara escriure la cita complerta perquè val la pena copsar la gran

intuïció del pensador:

"Al irrompre el primer mitjà de comunicació de veritat revolucionari, a saber

la fotografia (a un temps amb l'embranzida del socialisme), l'art sentí la

proximitat de la crisi (que després de una altres cent anys resulta innegable)

i reaccionà amb la teoria de 'L'art pour l'art", *això és, amb una teologia*

de l'art. D'ella procedí ulteriorment ni més ni menys que una teologia

negativa en figura de la idea d'un art "pur" que rebutja no tant sols

qualsevol funció social, sinó també tota determinació per mitjà d'un contingut

objectual" [22]

Deixant de banda la innocent voluntat de Benjamin de connectar fotografia

amb el seu socialisme contemporani cal salvar un parell de idees seminals en la

---

[21] BENJAMIN, W. *La obra de arte en la época de su reproductibilidad técnica.* Publicat a *Discursos interrumpidos,*
BB.AA: Taurus, 1989.
[22] Ibídem.

cita: el caràcter propiciatori de la imatge –o altrament dit, el trencament temporal entre imatge i realitat– i la idea d'art com a ens que va més enllà de la realitat representada. A banda d'això cal salvar la catalogació de revolucionaria a la fotografia: una cosa que és evident quan a les escoles actuals els estudiant de primària cerquen conceptes més a través d'imatges i no pas grafies; és més: les imatges són un del sabers cognitius de les noves pedagogies modernes, el *saber immediat*.

Cal pensar en que sí s'està produint una revolució etnogràfica transcendental, d'ordre global. En el món globalitzat la imatge, més ràpida i amb qualitats de transmissió semàntica gairebé instantànies, es el vector que transforma, modula, suggereix els *mainstreams* que substitueixen els vells. És el factor que pot rebregar característiques culturals molt arrelades [23].

És per això, per la seva importància *en el món de demà* que cal començar una genealogia de la fotografia per explicar el perquè ara ens parem davant l'observació silenciosa de les fotografies d'un arquitecte vuitcentista. Les fotografies de Domènech i Montaner van ser fetes vora 1900, dues dècades avall i una amunt si volem filar prim. La tècnica emprada –la placa seca– feia poc menys de 20 anys que s'aplicava i, de fet, no en feia més de 60 que el rossellonès

---

[23] En especial la massificació massiva de la fotografia, sobretot en el autoretrat i els seu –no tant evident pels usuaris– ús psicoterapèutic. Veure: GÓMEZ CRUZ, E. *El autoretrato como terápia psicosocial De la cultura Kodak a la imagen en red : una etnografía sobre fotografía digital.* Pàg. 186.

François Aragó defensà l'invent fotogràfic –de Daguerre[24]– a l'Acadèmia de Ciències de Paris. Tot el segle XIX va ser en fotografia poc més d'una recerca d'allò que estava enfront la càmera; és després de dos segles que l'amplitud semàntica de les imatges fetes ens permet noves relectures d'allò que es va fotografiar. Això, sens dubte, ens ha de fer reflexionar sobre la atemporalitat i la mutació de la fotografia en el seu contingut semàntic (no pas en la finitud del seu suport físic, es clar). La tradició és també mutable i tota revolució o mutació esdevé, sense pal·liatiu, tradició.

És possible que si la fotografia no s'hagués inventat el segle XIX s'hauria d'haver inventat quelcom semblant. Com afirma Zuzunaga *la textolatria imperant en el segle XIX reclamava a crits veure en el silenci* [25], i aquest silenci només el va proporcionar l'invent de Daguerre. Silenci, silenci són les fotografies amb altes exposicions on només es podien veure aquells personatges que no es movien en la llarga exposició necessària. Així podem veure el renta-botes i el seu client en un bulevard parisenc en una fotografia de Daguerre; el silenci també és una nota escrita en un pentagrama i fa que tot discurs tingui volum i gravetat. Els fotògrafs tornen involuntàriament a aquests bulevards sense gent, encara que siguin mitjançant pel·lícules apocalíptiques.

---

[24] La titularitat del daguerreotip sembla ser compartida entre Daguerre i Niépce, qui aportà al primer les dades necessàries per fer les seves pròpies innovacions. O si més no s'explica la pensió vitalícia atorgada més a desgrat que no pas de grat al fill de Niépce per par de l'Acadèmia Francesa.

[25] ZUZUNAGA, M. *Desde el otro lado de las cosas (la fotografia y su realidad)*. Paperback. 2013. Pàg 3.

Els fotògrafs *avant* Kertész, *avant* Moholy-Nagy, *avant* Man Ray o *avant* El Lisstzky senzillament recollien el que hi havia davant de la càmera sense processar els meta-continguts inherents a tota imatge. La natura fou de fet un tema recurrent ja des dels inicis: quin fotògraf no recorda els contactes amb paper albuminat fets amb fulles de diferents arbres elaborats per Fox-Talbot? Ja és del tot evident la curiositat innata de la fotografia si contemplem la primera foto coneguda: una simple vista des de una finestra. De dintre a fora. Un mitjà que mira a dintre amb la mirada cap a enfora. Cal recorda la primera fotografia feta de la qual es té constància? Si, va ser una fotografia feta des d'una finestra[26] .Una re-ubicació del jo per tal de veure's millor, en perspectiva.

Però no només la natura es va fotografiar. Era lògic que també se'n fessin retrats —tant de vius com de morts–, targetes de visita, arxius policials, escenes pictoralistes, mirades sobre altres cultures, escenaris de guerra –Mèxic o Crimea–, arquitectures clàssiques o simplement pornografia. Fou a finals del XIX la indústria ajudà a la fotografia a generalitzar-se, a ser l'instrument *socialitzant* del que parlava Benjamin. De iniciats es passà a parlar de pràctica domèstica i l'increment de fotògrafs i fotografies no només va fer que els fotògrafs migressin dels centres neuràlgics de la fotografia per una simple saturació de mercat , també va fer que moltes fotografies *comencessin a parlar entre*

---

[26] La coneguda fotografia porta el títol de *La cour du domaine du Gras*, l'autor fou Nicephore Niépce i la va fer el 1826.

94

elles revelant tot sovint quelcom d'aquells mateixos fotògrafs. Stieglitz li va dir *concepte d'equivalència*. De fora a dintre, fotografia ja com a fita sinó com a "mitjà", com a *Medium*.

Un tercer pas que no va tardar en aparèixer va ser ampliar de manera arborescent els dos sentits anteriors: el diàleg entre fotografies que completaven el sentit d'allò que hi havia davant la càmera i allò que es revelava de dintre el fotògraf. Un grapat de fotografies amb denominadors comuns expandien sentits a aquell que podia captar-los. Les seriacions apareixen i de les natures de Karl Blossfeldt als fitxers policials d'Alphonse Bertillon d'una sort de compilacions ens apareix un ultra-sentit. En aquest tercer pas o sentit també podem incloure el conjunt de fotografies presentades el 1955 amb el títol *The family of Man*, l'ambiciós conjunt seleccionat per Edward Steichen. Un domini extra-fotogràfic era necessari ja per jugar a complexos jocs entre fotografies. L'ambició semàntica dintre d'una seriació. Els fotògrafs comencen a jugar amb un nou grau de complexitat: Weston per exemple ho fa amb pebrots, nuus de dones, núvols o els arbres de Point Lobos. El seu recorregut però ja era de llarg abast, no es limitava a un cas concret, a un període curt. La seva recerca era vital, de *longue durée*. En això la poesia té més simultaneïtats amb la fotografia: sense anar més lluny Salvador Espriu composa cabalísticament el *cicle del jo i de la mort* [27] al

---

[27] Vegeu l'article de Delor, R. : *Final del laberint* (1955). L'article repassa un període sobre Espriu a la revista digital de literatura i traducció.

mateix temps que Weston fotografies els arbres i les roques de Point Lobos. Val la pena reconèixer sintonies que mereixen més que un estudi: tot un *zeitgeist* és recollit pel que en podríem dir *mèdiums.* Tan Espriu com Weston copsen processos d'ona llarga més que els incidents anecdòtics d'aquesta ona. En definitiva re-flexió sobre el temps.

Un quart pas, ja més enllà però present radicalment en la nostra actualitat, és la lectura de la informació d'una fotografia feta més enllà del seu temps i posant en l'eix l'hermenèutica aplicada que pugui posar-se en joc. En aquestes relacions i fent les lectures, a posteriori, d'allò que es va fer segons la persona què les contempli i ultra depenent de fotografies que –potser– encara estant per fer-se. Com no pensar ara, a tall d'exemple del què s'ha dit, en la relació, aparentment inversemblant, entre fotografia i nacionalisme plantejada per Blake Stimson? O en la lectura segmentada de la fotografia feta fa uns anys per algunes corrents feministes [28]? O el caos semàntic d'una iconòstasis global a on els fotògrafs-historiadors, com Fontcuberta, intenten desesperadament comprendre i *estabilitzar* ja sigui incorporant-ne notes epifàniques a tanta cacofonia visual, o afegint ironies intel·ligents; cal dir que aquesta estabilització s'intenta fins i tot amb la inclusió del que per mi són innocus *manifestos* [29]. Si, és

---

http://www.visat.cat/traduccions-literatura-catalana/cat/articles/87/151/0/0/0/salvador-espriu.html

[28] http://www.moma.org/visit/calendar/exhibitions/1041

[29] http://www.publico.es/culturas/387310/aqui-esta-el-mani-esto-posfotogra-co

clar, la historia de la fotografia no deixarà de ser la *historia dels seus usos fotogràfics* [30]. Uns usos que flueixen i reflueixen amb el pas dels anys. Dintre d'aquests 200 curts anys d'història de la fotografia aquest fet planteja –un altre cop– que la llum no és realment la qüestió, sinó el temps.

En un altre ordre de coses cal pensar tanmateix que la fotografia difícilment permet lectures univalents. És per això que monoteismes d'arreu tenen sempre la pulsió de carregar contra qualsevol camí cap a la iconòstasis. La imatge permet el que Peter Sloterdijk anomena un *tercium datur* [31] i per això és perillosa per a qualsevol explicació rígida i dogmàtica de la realitat. La fotografia desarticula de manera intrínseca qualsevol monoteisme ontològic. La realitat esta conformada per una infinitat de grisos, i no només els fotògrafs ho saben veure: en la literatura Sacks va tractar intel·ligentment l 'acromatòpsia [32]. Potser la imatgeria del nostre segle XXI serà l'antídot d'un monoteisme politico-religiós, ultra-polític, o potser no. De fet els directius de Google també avaluen què passarà en les seves prediccions d'un futur totalment connectat i en xarxa [33]. Auguren unes societat *online* sense privacitat digital, amb més tramesa

[30] SOLOMON-GODEAU, A. Introductió a *Photography at the Dock. Essays on Photographic History, Institutions and Practices*, Minneapolis: University of Minnesota Press, 1991. pàg. 24.
[31] *"quan des dels monoteismes rígids es desaproven les imatges no és nomes és perquè encarnin el perill de la idolatria. La inadmissibilitat de les imatges remeten més a l'observació de que no serveixen mai a la representació pura d'allò representat; també fan valer el seu propi pes. En elles surt a la llum el valor propi d'allò segon com a tal; i per destruir-ho cap preu es massa elevat per a els iconoclastes."* SLOTERDIJK, P. *El celo de Diós.* Siruela, 2011. Pàg. 101.
[32] SACKS, O. L'illa dels cecs al color i l'illa de les Cíclades. Barcelona: Empúries. 2000.
[33] http://edition.cnn.com/2013/04/23/tech/web/eric-schmidt-google-book

d'informació però alhora amb més control. De fet, si ens fixem, aquest control ja hi és. No hem de ser ingenus, Mr. Smith de *Matrix* ja existeix: és la nostra tieta, o el nostre grup d'amics, o els nostres pares que, en moments de dubte, ens remarquen allò que és convenient de fer. Aquesta primera barrera contra l'acció és la més difícil de superar per accions que realment vulguin capgirar-ho tot. Convocar una manifestació per rodejar un congrés són i seran accions estèrils, per previsibles, terriblement parcials i digeribles. En canvi mai podran reprimir milions de persones que vulguin deixar de pagar a la hisenda pública (fet i fet per això tenim tant de temps per pagar aquest modern delme). Cal afegir que aquestes prediccions ambivalents de Google venen de *Google Ideas*, el seu *Think Tank*. Aquest organisme esta dirigit per un ex-assessor d'anti-terrorisme del govern nord-americà, cosa que ens ha d'alertar sobre l'esperit global del futur.

Però també podem pensar que tanta presència de les imatges en el món actual no és res més que soroll, sobreabundància d'informacions no transcendents que fan, de manera gairebé explícita, que es pugui valorar que cap contingut és realment digne de ser mirat. Si ∞ és igual a 0, cal pensar en una inquietant porta cap al zel iconoclasta en un futur no molt llunya? Esperem que no, que text i imatge col·laborin per allò que Sloterdijk diu Co-immunisme [34], és

---

[34] Per entendre més aquest concepte de manera ràpida i concisa poden veure, per exemple, el diàleg que va establir Slavoj Zizek amb Peter Sloterdijk el 2011.

a dir la col·laboració activa de diverses immunitats. I què pot ser més immune que una imatge? Sigui com sigui els controladors de l'accés massiu d'imatges en tindran la clau, tant en la guerra com en la pau.

Deixant de banda les nostres prediccions i tornant estrictament a les fotografies de Domènech cal dir que estem doncs davant d'aquest quart cas dintre de l'ontologia de la fotografia. És a dir: nosaltres, amb el coneixement i el discurs de dos segles de fotografia practiquem ara una mena d'arqueologia fotogràfica per desxifrar el que és part del nostre passat, part de la nostra cultura, el nostre líquid amniòtic que ens protegeix del temps i dels seus canvis. En el temps present l'espectador contempla la fotografia d'ahir, creant-se nous sentits. La troballa és més que interessant: és l'utillatge d'un antic creador que cerca formes de la natura. A través de la nostra *memòria arqueològica* d'aquesta "excavació" interpretarem no només el sentit de l'utillatge en si, sinó també aspectes concrets del fotògraf creador; alhora aportem de retruc pinzellades al quadre mai acabat del seu ecosistema social: el complex i bulliciós catalanisme cultural i polític de principis del segle XX.

Ara és quan comencen els equilibris que ens poden fer caure. És l'art de l'equilibrista: parlar de la complexa relació entre fotografia i nacionalisme. Sí, un còctel de difícil preparació, de difícil comprensió i de difícil deglució. Tastem-lo.

http://www.revistaenie.clarin.com/ideas/politica-
economia/La_quiebra_de_la_civilizacion_occidental_0_539346069.html

V.   Fotografia i nació.

BASE 6.

" *Catalunya serà l'única sobirana del seu govern interior. Per tant, dictarà lliurement les seves lleis orgàniques: curarà de la seva legislació civil, penal, mercantil, administrativa i processal; de l'establiment i percepció d'impostos: de l'encunyació de la moneda, i tindrà totes les altres atribucions inherents a la sobirania que no corresponguin al Poder Central segons la Base 1.*"

Fragment de les *Bases de Manresa* de 1892.

2.203   La imatge conté la possibilitat de la situació que exposa.

3   La imatge lògica dels fets és el pensament.

3.02   El pensament conté la possibilitat de la situació que pensa. El que és pensable també és possible.

Tractatus logico-philosophicus. L. Wittgenstein.

Vet aquí que ara ens tocarà parlar de el Domènech polític, una faceta realment important per tot el que significarà pel catalanisme militant de la seva època. A la primera cita que obre aquest apartat podem veure una de les Bases de Manresa, de les quals Domènech i Montaner va ser co-president i secretari. Bàsicament *les Bases* proposaven una praxis federal de l'Estat espanyol basat en les antigues ordenacions catalanes de 1585. No eren poca cosa: significava que el poder central fos organitzat segons la separació de poders, mentre que el legislatiu estaria compartit entre el rei i una assemblea regional; d'altra banda l'executiu seria format per cinc ministeris o secretaries; i el poder judicial, per la seva banda, hauria d'ésser un tribunal suprem regional. Del poder regional, format per les Corts Catalanes, reunides una vegada a l'any a diferents llocs del territori en sortiria un executiu format per cinc o set alts càrrecs que haurien d'exercir l'administració del país. El poder judicial restaria en l'antiga Reial Audiència del Principat de Catalunya que seria restablerta. L'oficialitat única de la llengua catalana i la condició de català com a clàusula obligatòria per l'exercici de la funció pública també hi eren considerades.

El document fou presentat com a projecte per una ponència de la Unió Catalanista davant el consell de representants de les associacions catalanistes, reunits en assemblea a Manresa els dies 25 i 27 de març de 1892. La comissió encarregada de la redacció del document fou presidida per Josep Torras i Bages, bisbe de Vic.

Ja s'ha avisat abans que lligar fotografia i història pot resultar una temeritat no exempta del risc de perdre el nord. No obstant si fem esguard de la profunditat de les *Bases de Manresa* de 1892 –malgrat el voluntari sotmetiment a l'estat central espanyol establert ja a la Base 1– i pensem que al capdavant de l'empresa autonomista de 1892 hi havia el nostre fotògraf això ens dona crèdit per parlar-ne. Efectivament, el nostre Domènech i Montaner participà activament de la redacció de les *Bases*. Fet i fet en feu el discurs inaugural a la

sala de plens de l'Ajuntament manresà juntament, juntament amb un jove Prat

de la Riba, que n'era el secretari i que deia, exaltat de joia, coses com aquestes:

«Vingué la primera sessió de la Ponència, per a mi tenia una

importància gran. Per primer cop havia de trobar-me al costat d'homes

eminents, en quines obres havia après a admirar-los i venerar-los,

patricis insignes, celebritats catalanes que de llavor prendrien per a mi

formes reals i concretes, perdent aquella vagarosa idealitat amb què ses

figures m'apareixien al través de ses obres literàries i jurídiques.

Guimerà, Domènech, Coroleu, Picó, Aulèstia, Permanyer, vells apòstols

de la idea regeneradora, davant quins, amb prou feines, haig de

confessar-ho, m'atrevia a obrir els llavis.»[35]

L'ascendent polític de Domènech era llavors més que evident. Cal recordar que,

anys més tard, el 1901, quan decidí presentar-se a les eleccions legislatives del 19

de maig i a les municipals del 10 de novembre dintre de la "candidatura dels

quatre presidents"[36] la candidatura sofrí l'escarni de molts sectors de la població.

---

[35] DA. *Lluís Domènech i Montaner en 50è aniversari de la seva mort 1850-1923*. Pàg. 82.
[36] Aquesta *candidatura dels quatre presidents* , que més aviat s'hauria d'haver dir la *candidatura dels quatre expresidents*, estava formada –a banda de Domènech que n'era expresident de *l'Ateneu Barcelonès*– per Bartomeu Robert, exalcalde de Barcelona i expresident de la *Societat Econòmica d'Amics del País*, Albert Russinyol, expresident del Foment del Treball, i Sebastià Torres, expresident de la *Lliga de*

Era popular un acudit que venia d'aquesta manera: *un* (Domènech) *pensa i no parla*, *l'altre* (Bartomeu Robert), *parla d'allò que el primer pensa, l'altre* (Albert Rusiñol) *parla i no pensa i l'últim* (Sebastià Torres) *no pensa ni parla*.

Les Bases de Manresa, eix programàtic del catalanisme polític –que segurament avui en dia estaria impugnat–, eren un programari obert als canvis i posa les bases d'actuació d'Unió Catalanista, grup del qual Domènech en formava part i participava de les reunions arreu del país: Reus (1893), Balaguer (1894), Olot (1895)....Davant d'aquest impuls català a Espanya ja es flairaven els planys del 98, *la España sin pulso* de Sivela i l'escepticisme de Cánovas del Castillo. El regeneracionisme espanyols ràpidament se sentí atret per l'energia catalana, pel vitalisme regenerador i l'autenticitat política, cosa que contrastava amb una realitat política espanyola caduca, antihistòrica i antieuropea, arrelada en la resistència al canvi del caciquisme provincià. Només cal recordar algun paràgraf de la famosa carta del General Polavieja dirigida a Domènech proposant una certa descentralització —Diputació única per a Catalunya, concert econòmic, ensenyament tècnic regional, protecció del dret català— per adonar-nos de l'antigor de certs recels. Veiem-ho perquè sorprenentment el to en el qual ens parla el general –capitost d'algunes de les faccions de la dreta espanyola disposades a *regenerar-se*– ens és ben conegut:

Sr. D. Luis Domènech y Montaner.

Muy senor mio y distinguido amigo: Recibí su carta y he leido con detenimiento

el interesante estudio que me remite. Como me gusta ser clara he de expresarle

que en la actual situación de Espana considero imposible implantar algunas de

las reformas que V. me indica, que necesitan preparación y un estada social

correspondiente a ellas. (...)[37]

Ja tenim els dos vessants de Domènech, el polític, el catalanista convençut, sabedor de pertànyer a una nació cultural antiga però sense pes polític rellevant dintre de l'Estat espanyol i l'artista, vessant on hem d'incloure amb justícia el Domènech fotògraf. Com lligar ambdues facetes d'aquest mateix personatge? Com articular un discurs coherent i plausible?

Ja hem comentat abans l'obra de Blake Stimson, però per iniciar els discurs ens cal saber com i de quina manera aquest autor va voler lligar nacionalisme i fotografia. Alguna pista ens donarà en l'alquímia necessària per barrejar el que a priori és aigua i oli. Stimson va focalitzar 3 moment cabdals de la fotografia nord-americana i les va confrontar amb les realitats contemporànies d'aquest tres períodes. El primer moment el centra en Steichen i en la mítica

---

[37] DA. *Lluís Domènech i Montaner en 50è aniversari de la seva mort 1850-1923*. Badalona: 1973. Pàg. 132.

exposició *The family of Man*. El segon moment es Robert Frank i *The americans*, i el tercer les seriacions de Bernd i Hilla Becher. Stimson ens parla de solucions culturals transitòries que exorcitzen moments culturals concrets de canvi i desconcert. La fotografia és per ell vàlvula de escap davant de realitats que són atzucacs més que no pas autopistes de realització individuals o col·lectives.

Si defugim l'estudi fet a través d'autors concrets i ens focalitzem en el paper de la fotografia i els grans *media* ens adonarem que les imbricacions entre fotografia i nació són més pregones del que podria semblar. És en aquest sentit plausible comentar els nombrosos estudis que s'han fet de la revista *National Geographic* i les seves fotografies com a mitjà combinat de selecció i interpretació del món[38] fet bàsicament per al consum massiu de la població nord-americana. De fet aquesta revista ja ha fet una lectura global feta des de 1880 incorporant des de 1910 fotografies a color per copsar l'atenció del seus compradors[39], entre ells una gran massa d'estudiants a les escoles. La selecció de les imatges i l'articulació del discurs que les complementa mai no han estat innocents[40]. D'altra banda i aprofitant que parlo dels Estats Units pocs s'aturen a pensar que la imatgeria imperial que es pot veure a Washington i en els símbols estatunidencs són anteriors al fet de que aquest país es convertís realment en

---

[38] PHILLIPS, N.; HARDY, C. (ED.) *Discourse Analysis: Investigating Processes of Social Construction*. Sage Publications, 2002. Pàg. 26.
[39] Tibol, R. *Episodios fotográficos*. México: Libros de proceso, 1989. pàg. 28.
[40] ROTHENBURG, T.Y. *Presenting America's World. Strategies of Innocence in National Geographic Magazine, 1888-1945*. NY: Bronx Community College of the City University of New York, USA, 2007.

una potència. L'estil que marca els orígens del Estats Units és una variant del neoclassicisme, l'estil federal, que va sorgir entre 1780 i 1820. Aquest estil estava molt inspirat en l'obra de l'arquitecte escocès Robert Adam. L'arquitecte Charles Bulfinch realitzà la Massachusetts State House a Boston que va estar acabada l'any 1798. El model per a l'edifici del Capitoli de Thomas Jefferson a Richmond, Virginia (1785-1789) va ser el temple romà del segle I: la Maison-Carrée a Nimes, a França. Per mitjà de lectures i de viatges, Jefferson va realitzar un profund estudi de l'arquitectura romana, va aplicar els seus coneixements als dissenys de casa a Monticello, als del campus de la Universitat de Virgínia i va contribuir en els projectes preliminars de la nova capital, Washington DC.

No cal oblidar que un dels arquitecte que modelà el caràcter imperial de la capital nord-americana fou Pierre-Charles L'Enfant qui tenia molt clar que traçava els plans *"per un vast Imperi"* i que amb el seu treball *"volia donar una idea de la grandesa de l'imperi, així com gravar en cada ment el sentit de respecte que es moren a un lloc que és la seu d'una sobirania suprema"[41]*.

Vet aquí com l'arquitectura transformà poc a poc en realitat la visió o somni d'una *idea imperial* transvasat a un poble que tot just s'havia acabat de formar. No es pot deixar d'oblidar que L'Enfant va ser enviat a Amèrica per un rei absolutista com a enginyer adscrit a les tropes de Lafayette: alguna cosa

---

[41] WOOD, G.S. *Empire of Liberty: A History of the Early Republic, 1789-1815*. Oxford University Press, 2009. Pàg. 79.

d'aquest esperit absolut havia de romandre a Amèrica.

Domenèch i Montaner fou també influït per totes aquelles tendències que coadjuvaven construcció arquitectònica i construcció nacional. No en va publicar el 1878, dintre de la revista *La Renaixença*, el seu conegut article *En busca de una arquitectura nacional*, on lluny de caure en una imitació d'antics estils arquitectònics, Domènech apostà per l'eclèctica com a camí de construcció plausible a nivell català:

Se nos dirá quizás que esto es una nueva forma de eclecticismo. Si procurar la práctica de todas las buenas doctrinas, que como buenas no pueden ser contradictorias, procedan de donde se quiera, es ser ecléctico, si asimilarse, como la planta del aire y del agua y de la tierra, los elementos se necesitan para vivir una vida sana es hacer eclecticismo; si creer que todas las generaciones nos han dejado alguna cosa buena que aprender y quererlo estudiar y aplicarlo es caer en esta falta, nos declaramos convictos de eclecticismo.[42]

Si recordem el simbolisme inherent de les construccions funcionarials

---

[42] Domènech i Montaner, Ll. *En busca d'una arquitectura nacional.* Versió en pdf disponible a la xarxa a través de *Dialnet.*

de la jove Nord-Amèrica ens n'adonem que aquesta arquitectura proto-imperial dels Estats Units venia d'una molt mitificada Roma Imperial –via Anglaterra i sobretot via França– . Surt a col·lació aquí i ara un dels símbols més característics i més preuat: l'àguila de cap blanc, inexistent a Europa. El Congrés Continental del 20 juny 1765 l'havia proclamat com símbol oficial dels Estats Units d'Amèrica tot i l'oposició de Benjamin Franklin que la considerava una au mandrosa i oportunista, que no només s'alimentava de carronya doncs a sobre era piràtica. Franklin va proposar el gall dindi, animal més productiu, treballador i sociable. La resposta a la seva proposta va ser òbviament rebutjada: un país amb pretensions imperials no podria tenir com a símbol un simple gall dindi.

Si pensen ja no a nivell massiu, sinó individual, penso que no cal ser professor de teoria crítica per veure que tot sovint la fotografia és fidel reflex o anti-reflex d'una realitat individual desorientada. Les funcions terapèutiques es poden veure clarament en tota mena de fotografia: des de la bella i monstruosa sordidesa de Joel-Peter Witkin al parasitisme *voyeur* de Nan Goldin. Si volem també podem posar-nos sota la dura llum de l'autocrítica veurem com també, d'una manera o altre també ordenem i donen sentit a tota l'entropia d'allò que ens rodeja amb l'ajuda de la càmera. Aplicacions com *instagram* no funcionen en el món de la imatge global per aportar informació rellevant –cada com menys de rellevant– sinó que són catalitzadors de moments, deglucions digitals de realitats

108

complexes. Darrera de cada telèfon mòbil amb una càmera de tants i tants mega-pixels i ha un Witkins que historitza la diversitat i –si ens posem més greus encara– amb la seva pràctica potser simplement es narra a nivells massius la desesperació global del nostre temps. No obstant aquest anònim usuari és incapaç de confessar-se com a desesperat i proclamar, amb la mà al cor, les paraules que expressava el mateix Witkins: e*m considero un retratista però no de gent, sinó de la condició del ser. La meva esperança no se centra en mostrar la insanitat de les nostres vides, també pretenc que el meu treball sigui vist com la història d'allò divers i desesperat del nostre temps* [43].

És del tot inútil escandalitzar-se amb Witkins. Qui es vol escandalitzar és perquè encara no ha volgut saber que, com sap Sloterdijk[44], les seves fotografies són humiliació necessària de tot coneixement il·lustrat. Com diria l'esmentat Stimson: *la fotografia incorpora el passat al present i solda el present amb el futur* [45].

En un altre ordre de les coses podríem considerar a dreta llei empírica que una nació no és res més que una ficció. Una ficció relativament moderna, doncs no és fins pràcticament la doble revolució hobsbawmiana –la francesa i la dels Estats Units– que s'intensifica el concepte fins a englobar un sentits que

---

[43] http://31416feenelcaos.wordpress.com/2011/08/08/joel-peter-witkin-el-fotografo-macabro/
[44] SLOTERDIJK, P. *Sin salvación. Tras las huellas de Heidegger.* Akal, 2011.
[45] STIMSON, B. *The pivot of the world: photography and its nation.* MIT press, 2006. Pàg. 144.

s'aproxima al contemporani: *Comunitat de persones que participen d'un sentiment*

d'identitat col·lectiva singular, a partir d'una sèrie de característiques compartides en el camp

cultural, jurídic, lingüístic o altre en diu la DIEC del terme nació[46]. El mateix

Hobsbawm ens recorda, sota el seu vessant marxista, dels auto-enganys que tot

nacionalisme exerceix del seu passat: no cal anar massa més enllà del *Jeux de*

Pomme que a una jornada a cavall de París hom trobava dificultats per parlar el

francès de l'*Ille de France*. Al nord i al sud de França virtualment no es parlava

francès[47] i no va ser fins a les *leve en masse* i la posterior escola primària

obligatòria burgesa que no en forjarà una realitat que es voldrà veure perenne i

sempiterna. Els mestres, sempre els mestres, no sempre tant intel·ligents com

per riure's de si mateixos i sospitar de la inconsistència de tants i tants mites

fundacionals. Ells i un món explicat sense traces d'humanisme provocaran tots

solets les properes guerres.

Un contemporani de Domènech, l'escriptor suís Robert Walser

mostrava d'altra banda la seva perplexitat per l'amplificació nacional de l'Europa

de principis del XX i ho feia des d'un estat plurinacional com suïssa:

Anar d'un lloc a un altre amb la qüestió nacional al cap, no significa això haver

---

[46] http://dlc.iec.cat/results.asp?txtEntrada=naci%F3&OperEntrada=0
[47] HOBSBAWM, E. *Naciones y nacionalismo desde 1780*. Barcelona: Libros de Historia, Ed. Crítica, 2012 (de l´ edició). Pàg. 69.

caigut en la desproporció? Implicar així a milions de persones, així, d'aquesta

manera, té que sobrecarregar el cervell! [...] En l'embolic que formen aquestes

frases crec escoltar de lluny el minotaure, que no em sembla representar res més

que la hirsuta dificultat per extreure alguna cosa clara del problema nacional [...] [48].

Bé, sigui com sigui el nacionalisme tal i com l'entenem ara existia a l'època de Domènech i Montaner de manera concisa, real i programàtica. Cal entendre el perquè Domènech sentia la pàtria catalana com a nucli capital de generació. El segle XIX fou un reguitzell de desastres per a l'estat Espanyol i els hem de ressenyar per tal de comprendre a un jove Domènech, autor no només de les nostres fotografies sinó també de gran part de l'organització que forjarà la *casa gran* del nacionalisme català de final de segle: la Lliga[49]. L'eix d'aquest nacionalisme serà, per descomptat, la llengua. Tot i que cal matisar que no sempre és la llengua el nexe necessari i indispensable d'una reivindicació nacional. A l'exemple estatunidenc, abans esmentat, em puc remetre.

Realment a l'Espanya de Domènech, l'Espanya de la fallida i de la desmoralització provocada pel 1898 hi havia motius sobrats per voler iniciar una

---

[48] Cita extreta del llibre SLOTERDIJK, P. *Sin salvación. Tras las huellas de Heidegger.* Akal, 2011. Pàg. 247.
[49] La Lliga va néixer precisament arran de l'escissió entre els catalanistes que es va produir arran de l'exposició de 1888. Els partidaris de boicotejar aquesta exposició van ser liderats per Almirall, mentre que els partidaris de recolzar-la, entre ells Domènech, van formar la Lliga Regionalista acompanyats per cognoms il·lustres com Guimerà, Permanyer, Güell i Ferran Alsina. La lliga fou presidida primerament per Francesc Romaní i Puigdengolas però ràpidament fou succeït pel mateix Domènech i Montaner.

111

autonomia real respecte al parasitisme d'un Madrid funcionarial. De fet tot el

quadre espanyol del segle XX bastant ominós. Aquest en seria un brevíssim

compendi: abdicacions de Baiona, l'ocupació francesa i guerra del francès,

regència d'un indesitjable com Ferran VII, reguitzell de inútils, xacrosos i

corruptes governs de Madrid –amb dos bombardejos "liberals" sobre Barcelona

des de Montjuïc–; caldria afegir també la presència de tres guerres carlines, la

ensulsiada de la Primera República (on el primer president català de l'Estat

Espanyol, Estanislau Figueras i de Moragas, confessà a les corts espanyoles, i en

català, estar-ne *fins els collons*[50]). Hauríem d'afegir encara la posterior Restauració

Isabelina, amb nogensmenys corruptes i xacrosos governs de torn manegats per

conservadors i liberals basats en el caciquisme més ranci. A tot això cal

arrodonir-ho amb el reguitzell d'independències americanes produïdes al llarg de

tot el segle XIX; sumeu també els primers interessos imperialistes a Marroc i les

guerres subseqüents contra els berbers marroquins, que tant de mal faran a les

classes populars incapaces de pagar l'excepció pecuniària per lliurar-se'n. *In*

summa: el panorama és més que decebedor i d'aquí les epistolars paraules

d'Unamuno sobre Catalunya escrites a Azaña: *"Justo es que España pierda*

Catalunya. Y la perderá, no me cabe la menor duda que la perderá" [51]. Això Unamuno

---

[50] Les paraules exactes van ser aquestes: *Senyors, ja no aguanto més. Vaig a ser-los franc: estic fins els collons de tots nosaltres !*
[51] http://www.publico.es/culturas/411598/unamuno-justo-es-que-espana-pierda-cataluna

ho escriví el 1918, però Espanya no perdé Catalunya, doncs un cop militar –el de 1923– posarà tot els processos socials al primer calaix del congelador (i el 1936 en el segon calaix). Aquell mateix any morí el nostre fotògraf i el nou govern militar de Primo de Ribera, recolzat pel Borbó, i recolzat alhora per gran part de La Lliga –fet que la mítica nacional catalana no acostuma a esmentar– no deixà fer-ne un funeral públic i evitar així una munió de catalanistes en el seu comiat. Perquè la Lliga defensà un militar repressor? El perquè l'hem de buscar en les pors de Cadafalch i d'altres dirigents respecte del poder que les esquerres començaven a tenir al carrer[52].

Malgrat tot les arrels polítiques d'aquella situació de ruptura de Catalunya amb Espanya estaven molt més enrere. L'amalgama dels corrents catalanistes es va produir precisament pel desencant de la Guerra dels Malcontents –la tercera guerra carlina, de 1872 a 1876– i la posterior atonia política la que va acabar davallant en nous corrents que emergirien en el camp polític format allò que era el proto-catalanisme polític. Tal i com indica Coll i Alentorn[53], de les restes del carlisme vindrà una ala dreta del catalanisme, i del republicanisme federal de gorro frigi, l'ala esquerra. Serà més tard, el 1909, on

[52] SELLÉS I QUINTANA, M. *El foment de Treball Nacional, 1914-1923*. Barcelona: Abadia de Montserrat, 2000. Pàg. 363.
[53] DA *Domènech i Montaner any 2000*. Barcelona: COAC, CD, 2000.

113

fruït de les circumstàncies polítiques i malgrat els atemptats espanyolistes –les

dues bombes del míting d'Hostafrans– ambdues branques demostraran amb

Solidaritat Catalana, que es podia trencar el bipartidisme i el caciquisme amb èxit.

Solidaritat obrera, per la seva banda, demostrava alhora que els diferents

corrents obreristes catalans podien també convergir. La por d'aquest fet el

manifestà Cambó i Puig i Cadafalch el 1923, recolzant el nou directori militar –

fet escassament explorat per part de la mítica nacional catalana–. En aquest

dirigents catalans van imperar més els conceptes de classe que no pas de nació. I

de fet Cambó reincidirà en el mateix error –i de forma patètica– amb Franco i la

tota la seva colla de sollevats.

Vists aquest trist panorama espanyol contemporani a Domènech i

Montaner no ens és estrany que la generació burgesa de Domènech –i la

immediatament anterior a la seva, foragitada d'una convulsa Cuba– volgués

deixar de banda una lluita inútil on no hi guanyava res doncs aquesta classe

social, la burgesia, no podia accedir al poder, i ni tant sols a les fites més altes del

funcionariat, com va dir el difunt historiador Josep Benet *la industrialització va*

provocar una major diferenciació entre la societat catalana i l'espanyola, [...] la burgesia

catalana fou l'única a Europa que no va poder accedir al poder, continuant sent-ne

marginada...[54].

---

[54] Les paraules de Josep Benet estas recollides d'un interessantíssim vídeo de la BBC sobre Catalunya fet el 1979.

No era gens estrany que uns joves burgesos, amb les possibilitats d'ascens tallades i amb la vida patrimonial pràcticament resolta, comencessin la relativament inútil tasca de tornar a començar a escriure català en revistes i fulletons. D'aquelles esforços van reviscolar unes brases lingüístiques populars que mai van acabar d'apagar-se, brases formades per tots aquells menestrals i pagesos a qui mai els havia importat massa ser (mal) governats per uns o per els altres. Aquests són els orígens de la renaixença catalana que sorgí 20 anys abans del naixement del nostre fotògraf, el 1850. Bonaventura Carles Aribau escriví *Oda a la Pàtria* vora 1933. El proto-nacionalisme català estava en marxa, i la formació mitològica –que qualsevol nacionalisme fa sobre si mateix– es posava en marxa, principalment sota la hègira dels jocs florals i les exaltacions medievals catalanes. Era lògic que Catalunya volgués aspirar a l'experiment vuitcentista *d'Estat-Nacional-mediàtic-i-massiu,* amb fites d'un reconeixement que s'assolia, genèricament arreu d'Europa, amb dossis d'autoestima i autoelevació. Al cap de menys d'un segle la literatura catalana, punta de llança del nacionalisme vuitcentista, ja tenia una candidatura al premi Nobel: Àngel Guimerà[55], que l'estat espanyol va convenientment boicotejar per acabar de posar, al costat de Frederic Mistral, un sorprès Echegaray. Catalunya recorria tardanament la febrada europea del segle XIX. Les revolucions burgeses –en

http://www.youtube.com/watch?v=mt31tCJdsLE
[55] BALCELLS, A.; PUJOL, E. *Història de l'Institut d'Estudis Catalans,* 2002. Pàg.160.

especial la de 1830– van provocar forces que durien 84 anys més tard a la Gran

Guerra però malgrat l'èxtasi nacionalista de 1914 fruït de la tasca incisiva de

mestres i filòlegs no cal oblidar que nombroses nacions actuals de les que hom

no gosaria posar en dubte –com la italiana, l'alemanya, la polaca, l'hongaresa, la

txeca, o la grega– van veure's créixer i formar-se durant les dues o tres dècades

anteriors al *fin de siècle*[56] i durant els primers anys del segle XX gràcies a la

reordenació d'Europa fet per la Gran Guerra i el posterior esperit wilsonià dels

catorze punts[57], catorze punts –no ho oblidem– on va aparèixer, en el punt

cinquè, el concepte d'autodeterminació dels pobles, pedra angular dels

legalismes d'alguns catalans en el l'enèsim procés nacional.

Ara, durant els propers paràgrafs parlarem abastament, i a mode

d'història comparada, dels processos de construcció nacional de Txèquia i

Hongria al llarg del segle XIX i del XX. El per què de tot plegat és perquè

s'observen similituds en la formació del nacionalisme d'aquests països, similituds

que tenen a veure amb la pertinença dels tres –Txèquia, Hongria, Catalunya– en

---

[56] Dues nacions són més antigues: la Grècia de Byron el 1827 i Bèlgica el 1930. L'Hongria del compromís és del 1867, Alemanya i Itàlia apareixen com a ens polític plenament definit el 1871, amb el col·lapse francès de Roma. Noruega pacíficament obtindria la independència de Suècia el 1905. Polònia i Txèquia ja són fruït no només del nacionalisme tossut de fi de segle sinó també de les forces centrífugues que va haver de patir la Doble Corona després de 1918. Finlàndia en qualsevol cas també fou una nació que aprofità el marasme rus de 1917.

[57] Dotze punts entre els quals es trobava el dret d'autodeterminació, dret tant controvertit que encara continua sent una de les fonts jurídiques a favor del dret de Catalunya a declarar-se independent. Poden veure un llarg debat sobre aquest tema en l'informe realitzat per Christopher K. Conolly per el Departament de Justícia dels Estats Units: K. CONOLLY, C.: *Independence in Europe: Secession, Sovereignty, and the European Union.* 2013. (http://ssrn.com/abstract=2231162)

ens més grans –La corona austríaca dels dos primers, i Espanya del tercer– i alhora la capital importància de la llengua en els tres processos de construcció nacional. El desenllaç es asimètric però: en el cas hongarès el pacte que feu amb una Àustria escaldada del seu enfrontament amb Prússia forma la doble corona. Txèquia va assolir la independència el 1919 gràcies a la desfeta de les potencies del eix i a la doctrina dels catorze punts, en canvi Catalunya, en una Espanya neutral i econòmicament efervescent, va romandre amb les seves pròpies necrosis, entre elles la incapacitat política espanyola de transigir en el fet nacional diferencial i la incapacitat política, espanyola i catalana, de progressar en els aspectes socials expressats des dels partits de classe. Domènech, que com he vist era eclèctic de mena, no va treballar massa, ens els seus escrits, sobre el fet social. No obstant arran del dietari de l'alcalde de Canet, el Dr. Marià Serra[58], elaborat al llarg de tota la colla d'anys que va de 1863 a 1926, es desprèn de l'amistat amb Domènech i dels comentaris de l'Alcalde respecte a les vagues obreres de la vila de Canet una posició certament dretana (si això ho entenem com a mantenidor d'ordre), però també a la recerca d'ampli consens alhora de encarar els problemes. Aquesta és una posició que caldria ubicar en una mena de social-cristianisme post *rerum-novarum*, és a dir, alguna cosa semblant –però més refinat– al cas austríac del famós alcalde vienès K. Lueger[59] o si volen, fent

---

[58] SERRA, M. *Dietari del Dr. Marià Serra i Font: Canet de Mar 1880-1926*. Ajuntament de Canet de Mar. 2006.

comparances literàries, Domènech sembla ser una mena d'impossible Leo Nafta, el protagonista de la novel·la de Thomas Mann capaç en la literatura de combinar jesuïtisme i comunisme. Mireu sinó el discurs de Lluís Domènech davant els membres de la Unió Catalanista l'any 1892:

"la intervenció de totes les classes i estaments en el govern del comú és en la nostra terra vella llei de llibertat que no ha de necessitar de la moderna democràcia per a proclamar-se. Avui més que ahir, convé que la representació de les modernes classes, el capital, la intel·ligència i el treball, deixin la lluita sorda i l'odi que les commouen i les consumeixen...convé que reunides vinguin de nou a la llum pública a discutir, a resoldre problemes, cada dia nous, que entre ells ha de presentar-se" [60]

---

[59] Karl Lueger fou l'alcalde de Viena durant 13 anys (1897-1910) , alhora va ser membre fundador del partit social-cristià, d'arrel cristiana i fortes tendències populistes que s'aprofitaven del racisme popular envers els jueus. Alguns han vist en ell a un precursor i model de l'antisemitisme Hitlerià i de les tesis pseudocientífiques d'apologetes del nazisme com ara Alfred Rosenberg.
[60] RUIZ I CALONJA, J. *Panorama del pensament català contemporani.* Ed. Vicens Vives, 1963. Pàg. 257.

Europa estava ben present en tots aquells joves *prometeus* catalans. El nacionalisme txec i hongarès tenen moltes semblances amb el català. El XIX català és un segle que davalla sota feix de la llum del nacionalisme polític. No hi ha generació del 98 a Catalunya i ni Cuba ni Marroc se senten com a pròpies. Una força llargament ajornada sembla que il·lumina un camí català en una Espanya bastant esgarriada, perduda en el segle i amb el pes d'un funesta tradició plutocràtica capaç de sabotejar cegament qualsevol canvi.

Domènech, l'home prolífic, participà tant de la gestació del debat de les directrius polítiques d'una nació amb una tossuda pulsió mazziniana[61] per ser-ho. Domènech també participà dels debats lingüístics que aleshores es duien a terme entre la intel·lectualitat catalana sobre les normes ortogràfiques del català que promovia l'Institut d'Estudis Catalans[62]. Domènech alimentà un catalanisme polític, reivindicatiu, conservador, agosarat i aglutinador. La seva plataforma fou la Unió Catalanista, nexe aglutinador del que més tard foren les Bases de Manresa de 1892 i a on s'albirava una autonomia catalana basada com hem dit en les antigues constitucions catalanes juntament amb el vernís catòlic

---

[61] L'ascendència de Mazzini en aquest primer catalanisme era evident en organitzacions com *La Jove Catalunya*, organització a la qual va pertànyer Domènech i que no deixava de ser un reflex de la heterodoxa i carbonaria *Jove Itàlia* de Mazzini. Les tensions respecte a la implicació o no dintre de la acció política van fer que aquesta organització de lletraferits com Domènech, Guimerà, Matheu i tants d'altres amb prou feines durés 5 anys, del 1870 al 1875.

[62] Lluís Domènech i Montaner era contrari a les normes proposades per Alcover i Pompeu Fabra i optava per la llibertat ortogràfica fins que no hi hagués unes normes unificadores fruït d'un ampli consens dels escriptors del país.

tomístic de Torras i Bages. Les bases no eren pas federalistes *stricto sensu*. Bàsicament perquè el federalisme pertanyia a una arrel republicanisme, d'arrel carbonaria com el d'Abdó Terrades i alhora estava inspirat en el principi federatiu de Proudhom. Les bases poca cosa tenien a veure amb les tesis de Pi i Margall, futur i fugaç president de la Primera República un cop Estanislau Figueras marxà, més que capcot, cap a Paris.

Però tornant a Domènech sembla ser que l'home estava en tot, i entre aquest tot el que tenia més preeminència era l'elaboració d'un esperit arquitectònic que evolucionava al llarg del temps per arribar a tenir una personalitat pròpia. Ja he parlat del seu conegut article *"En busca d'una arquitectura nacional"* publicat el 1878 a la revista *La Renaixença*. La pàtria –la pàtria catalana– era ja un dels eixos de la seva praxis, i aquest eix no es mourà en tota la seva vida.

I arribem al nexe inevitable de la qüestió, a la cruïlla més difícil del discurs: i què té a veure tot plegat amb les fotos de les plantes? Doncs es podria dir amb to sardònic, tot i res. És impossible fer una correlació directa, en aquest cas concret, entre fotografia i nació, a no ser que féssim una lectura "d'oda de pàtria petita", és a dir, una lloança indirecta a la vall de Canet, topònim de gran importància intrafamiliar en la família Domènech. També podríem pensar –

encertadament, sota el meu punt de vista– com el tractament filo-científic de les fotografies es podria associar a la praxis estètico-política del nostre arquitecte. És a dir: hi ha un estil i una praxis cientifista en allò estètic que s'adiu amb el tarannà de l'elit culta il·lustrada de Catalunya, en íntima connexió amb les llums europees. Plausible per descomptat pensar que tota aquesta elit esta connectada en el món de les idees i en el món metafòricament epistolar que constitueixen, genèricament, els llibres i els seus lectors: Joan Maragall era traductor de Nietzsche i alhora impulsor del vitalisme a Catalunya. Mistral era amic dels escriptors catalans i potenciador dels Jocs Florals. Domènech mateix fou l'importador, en els inicis de seva trajectòria, de l'estil nòrdic de Flandes. I és que al cap i a la fi Barcelona semblava ser més cosmopolita que Madrid i, encara que fos com a *Rosa de Foc,* estava bastant més present a la premsa europea que no pas un Madrid en ataràxia cultural.

La connexió fotografia i nació no és fàcil però si lliguem caps sorgeixen paral·lelismes plens de contingut: les fotografies parisenques d'Atget, autor tant inspirador en l'obra de Benjamin[63], no són res més que un gran arxiu artístic sobre una època que es cloïa a França, un 'últim cant de cigne dels temps antics anihilats per allò modern, el *Segon Imperi* i el baró de Haussman

---

[63] De fet E. Atget inspira molts passatges de dos assaig de Benjamin: *L'obra d'art a l'època de la seva reproductibilitat tècnica* i a la *Petita història de la fotografia.* En el primer Benjamin glossa l'obra d'Atget per suggerir i enriquir el diàleg que Benjamin estableix entre imatges amb "valor de culte" i imatges amb "valor d'exposició".

donaven pas al ferro industrial de la torre Eiffel de l'època d'Atget. Walter Benjamin ja ho deia: l'època de la Restauració a França, les galeries comercials, els passatges i els carrers comercials, eren per a ell imatges on es veien la veritable naturalesa del règim de Napoleó III, un món on es volia transformar el món interior en una mena de fantasmagoria. *Un gran saló obert on un rep el món sense estar obligat a sortir de casa* [64].

Els surrealistes de fet seran els primers en valorar molt positivament l'obra d'Atget: Man Ray per exemple i la seva assistent Berenice Abbot, fotògrafs que no poden ja definir-se com estrictament americans i que són part d'un *core fotogràfic*, un mecanisme sincrònic més entre el nou món i el vell del quan en formen part Steichen, Moholy, Ray, Kertész, Capa i tants d'altres.

Tornant a Domènech i a la seva època. És obvi que sí podríem fer una lectura nacional directe del seu vessant arquitectònic; per descomptat. El palau de la Música Catalana n'és un bon exemple: no només estan, a l'esquerra de l'escenari, les imatges de Palestrina, Bach, Carissimi, Beethoven i Chopin...o a la dreta els de Victòria, Haendel, Mozart, Gluck i Wagner...també al mur que forma el desnivell entre els sostres de la sala principal i el de la part posterior del segon pis de la mateixa sala, hi ha quatre medallons ceràmics més, que

---

[64] Article en pdf a la xarxa anomenat: *Peter Sloterdijk y Walter Benjamin; Air Conditioning en el mundo interior del capital.*
(www.ucm.es/info/nomadas/22/avrocca.pdf -)

122

sintetitzen la història de la música catalana: Brudieu, Fletxa, Viola, Terradellas i Clavé. Sí, Clavé, l'home de les *flors de maig*, l'home de la cançó revolucionaria de *La Campana*, l' amic de Monturiol, l'utopista; i d'Abdó Terrades, el republicà, ambdós fundadors del primer diari comunista de Catalunya. I què fa Domènech, el catòlic, el conservador, l'home de seny i d'ordre afegint per a la posteritat en una de les seves obres magnes a Clavé, el revolucionari que fou deportat de Barcelona?[65]. Potser simplement integrar corrents polítics antagònics en un eix comú que anava molt més enllà de diferencies esquerra-dreta; es tractava de sumar corrents convergint-les en un pla superior anomenat Cultura i Nació. No ho oblidem: Clavé i la seva idea de fomentar les arts entre les classes treballadores i industrials no tenia ni de bon tros el vis-i-blau de la burgesia tradicional catalana, entestada –pistola en mà– a negar qualsevol possibilitat d'ascens social a la classe treballadora.

Així era el to del catalanisme de Domènech, ben diferent del que posteriorment serà el del jove, ambiciós Cambó, l'home que, malgrat les instruccions de la Lliga, va decidir de rebre a Alfons XIII en la seva primera visita a Barcelona com a rei. Anys més tard, el 1931, la Lliga de Cambó perdria les mateixes eleccions municipals que van fer marxar al rei cap a Cartagena per agafar un vapor i no tornar mai més.

---

[65] Ansel Clavé participà activament en les revoltes de 1840 a 1843 i fou per aquests fets empresonat a la Ciutadella i posteriorment deportat a les Illes Balears.

D'altres personatges excelsos es poden trobar en aquest catalanisme aglutinador, conciliador, flexible en les formes però obstinat en el fons. Penso en Maragall el poeta de *Excelsior*, traductor de Nietzsche al català, capaç de fer una controvertida i valenta oposició a la condemna a mort de Ferrer i Guàrdia arran dels fets de la Setmana Tràgica [66] mentre la burgesia barcelonina respirava auto-satisfeta de si mateixa.

Hem esmentat abans les semblances entre els nacionalismes centre-europeus i el cas català. Crec que podem obrir aquí un claudàtor i aprofundir-nos més en aquestes semblances i diferències. Diversos autors han esmentat el Modernisme com a transferència cultural entre diverses capitals europees[67]. Una de les corrents de fons transferides sembla que va ser una de molt rerefons filosòfic i és originaria de la Viena pre-modernista. Aquesta corrent, en origen mèdica, era l'anomenat nihilisme terapèutic[68]. Aquest nihilisme es traduïa, a nivell cultural en la impossibilitat de canviar una situació, ja sigui aquesta mèdica

---

[66] Maragall realitzà tres sincers articles sobre la *Setmana Tràgica* de 1909: *Ah! Barcelona*, *La ciutat del perdó* i *La església cremada*. En el segon Maragall va intentar apel·lar a la noció cristiana del perdó per mirar d'aturar la fatal condemna a mort d'un home com Ferrer i Guàrdia que ni tant sols havia participat en els fets. Maragall va mirar de publicar l'article a La Veu de Catalunya però no s'arribà a publicar per la decisió expressa de Prat de la Riba, el qual tenia arranjats acords amb el govern del president espanyol Antonio Maura. L'article no fou publicat fins el 1932.

[67] CSÁKY, M.; ASTRID KURY, A. I TRAGATSCHNIG, U. (Ed.) *Kultur-Identität-Differenz. Wien und Zentraleuropa in der Moderne* . Innsbruck: Studien Verlag, 2004.

[68] El nihilisme terapèutic s'originà vora el 1850 i perdurà fins el 1870. Els orígens calen remuntar-los als estudis dels metges de l' Universitat de Viena Carl Von Rokitansky i Joseph Skoda. El nihilisme terapèutic es basava en allargar –sense posar-hi cap mena de remei– l'agonia dels malalts per tal d'esbrinar així els desenvolupament de qualsevol tipus de malaltia.

JOHNSTON, W. *The Austrian Mind: An Intellectual and Social History, 1848-1938*. University of California Press, 1983. Pàg. 43.

o cultural. No és aquest un assumpte menor: el nihilisme terapèutic que havia contaminat el pensament de canvi de segle, és el complex motiu que va fer que molts intel·lectuals no lluitessin contra la violència d'irredemptistes o antisemites a Àustria entorn la primera dècada del segle XX[69], anys del vagareig patètic d'un jovenívol Hitler per Viena. Però de transferències en aquella Europa ja proto-globalitzada hi va haver moltes: entre elles, i en un altre ordre de les coses, la difusió dels partits dominicals de futbol vora el 1890, cosa que s'hauria de posar com l'ascensió de l'esport com a fenomen de masses a finals del segle XIX. No pocs autors han relacionat aquest fet amb una contra-programació *atlètica* de les sinergies acumulades per mig segle de socialisme [70].

El que realment s'assembla en les ciutats on va prosperar i reeixir el Modernisme –Brussel·les, Viena, Paris, Londres, Barcelona, Glasgow *et caetera*– és la coexistència, assenyalada per Tönnies, de dos tipus de societats coexistents que no només són exclusives del món germànic: una la del món rural, que Tönnies anomenada *Gemeinschaft*, i una d'altre, urbana i en plena gestació, anomenada *Gesellschaft*[71]. Les perspectives de Tönnies són fàcilment assolibles: en les comunitats urbanes s'individualitzà els membres, obligant-los a competir, a trencar vincles i a patir el que de forma moderna és ànsia i estres. El socialisme

---

[69] Ibídem. Pàg. 442.
[70] Peter Sloterdijk, per exemple.
[71] TÖNNIES, F. *Gemeinschaft und Gesellschaft*. Leizpig: 1887.

sovint rememorava aquest esperit perdut, del bé comú, de la societat idíl·lica de caire rural i col·laboracionista. Talcott Parsons opina d'altra banda que el *Gemeinschaft* té altres variables: particular i adscriptiva (particular perquè els criteris locals prevalent sobre els universals i adscriptiu perquè un home es mesura pel que és no pel que pot arribar a fer). La societat *Gesell* en canvi es universalista (tot el món es regeix per les mateixes normes) i orientada a l'èxit. L'estatus social el marca el rendiment de cadascú i no les circumstàncies de cada èxit. Aquesta caracterització de les societats europees en crisi era l'antítesi de la societat *Biedermeier*, una societat pre-1848 –una societat *vormärz*– que significava resignació política, delit estètic, pietisme catòlic; característiques aquestes ben conegudes i aplicades per vessants socials conservadors, ergo *quietistes* per naturalesa, posicionats en aquella època –i en totes– a la trinxera contra els canvis. No serà estrany que August Sander sigui més tard censurat pels nazis per les seves fotografies *Gesell:* lumpen, captaires, putes, transvestits i artistes de circ; Atget també n'havia fet d'aquest tipus de fotografies. A França també es coïen les greus desigualtats que afectaven arreu d'Europa ingents masses de població: no oblideu que el 1848 –any de la Revolució però també del Manifest[72]– s'hissà la bandera roja a França, no tant sols la tricolor[73].

---

[72] *El manifest comunista.*
[73] Per saber-ne més els recomano una font primigènia: Marx, K, *La lluita de classes a França, de 1848 a 1850. Una versió digital la poden* trobar sencera a la xarxa.
(http://www.marxists.org/espanol/m-e/1850s/francia/index.htm)

Vist així, era normal que hi haguessin dos vessants en el Modernisme: un purament estètic, feacionista[74], del que ja Freud en va fer un terrible anàlisi, i un de regeneracionista, intervencionista i compromès per una idea vaga idea de progrés politico-social que podia provenir tant de la utopia marxista com per les utopies positivistes.

Freud, observador inquisitiu de la seva època, digué de la seva societat vienesa – que em part és semblant en algunes coses a la nostra– :

La plebs gaudeix de la vida la màxim, mentre nosaltres ens moderem...(..)

D'aquesta manera, els nostres esforços es concentren més en evitar el dolor

que en disfrutar del plaer(..) Aquesta gent alberga un major sentiment de

pertinència a una comunitat que nosaltres: només ells viuen de tal manera

que una vida és una continuació d'una altre, mentre que per a nosaltres el

món desapareix cada vegada un de nosaltres.[75]

Molts trets d'aquella societat centreeuropea en extinció, tant ben

---

[74] El mot *Feacionisme* ve d'un poema de Schiller on es parla d'un poble, el Feaci, ben descrits als llibres V i VI de l'Odissea. El poema és aquest:

Donau in O...
/ El Danubi al seu pas per Àustria...
Mich umwohnet mit gänzendem Aug das Volk der Phaiaken;
/ Al meu voltant viu amb vista alegre el poble feaci.
Immer ists Sonntag, es dreht immer am Herd sich der Spiess.
/ Cada dia és diumenge, cada dia dona voltes la carn a la graella....

[75] FREUD, S.: *Briefe 1873-1939*, (2 ed.). Frankfurt: 1968. pàg. 56-57 (Carta del 29 d'agost de 1883).

descrita per Kafka, Roth o Zweig, són compartits arreu d'Europa. En el cas català –cas que m'atreveixo a dir complex per antonomàsia– el conservadorisme tenia també el gust i la preferència austríaca pel historicisme. No només Viena i Barcelona comparteixen un estil, també comparteixen impossibilitats: a la capital austríaca es va impedir –sense voler-ho– que apareguessin grups d' avantguardistes d'influència francesa; d'altra banda Picasso exposà per primer cop a Els Quatre Gats, però se'n va anar a Paris i Moholy-nagy deixà la seva Hongria natal per anar-se'n a Alemanya. Klimt es va quedar a Viena amb les seves muses i els seus gats, l'Art Nouveau va perdurar més a Barcelona i a Viena –allí Sezession–. Les figures de Klimt habiten en un món sensual, rodejats de motius vegetals, els antiherois que eren mimats per una Viena que desitjava que la natura imités l'art. A Viena es van marginar conscientment els impressionistes parissin, sospito que ja en tenien prou amb la seva neurosi per importar la francesa. Aquest feacionisme és el que alimentà Klimt i, en menor mesura, Egon Schielle, i aquests comportaments s'assemblen bastant a les actituds d'en Rusiñol al Cau Ferrat, ara esteticista, ara regeneracionista. Un peu a cada banda, a cada zona. I això és més conseqüència que no pas causa.

Si parlem de símptomes més que no pas causes cal parlar arreu d'Europa els nombrosos casos de suïcidi. El suïcidi sempre és resultat d'un fracàs i per tant se n'amaguen sempre les estadístiques. Com a comportament social de caràcter epocal és inevitable preguntar-se les coincidències d'aquella societat en extinció i la nostra, on el suïcidi és epidèmia. El suïcidi, altrament la inadaptabilitat o la impossibilitat de viure més en un ecosistema social marcat per uns paràmetres determinats, era en l'època de Domènech símptoma potser més clar d'esquinçaments socials que no pas tant de davallades econòmiques. Recordo com a la sots-dita Àustria el constructor del teatre de l'opera –Eduard Van der Nüll– es va suïcidar després d'escoltar un simple comentari negatiu de l'obra per part de l'emperador Franzis Joseph I, el 1868. D'altra banda a casa nostra Antoni Samarra, brillant artista català de les terres de Lleida, es tirà un tret al castell de Burriac quan tot just la seva carrera començava a ressenyar-se fruït, probablement, de la impossibilitat d'un amor burgès. No pocs van aplicar-se l'autòlisi davant de problemes amorosos que ara ens semblen pueril.

La bogeria, entesa com la fugida quasi completa o la deserció de la vida, és en les societats en trànsit accelerat quasi norma; i si parlem de països concrets l'Alemanya del canvi de segle se'n du l'or olímpic: Hölderlin, Robert Schumann, Nietzsche, Oskar Panizza. Naturalment alguna cosa estava passant en aquella cultura i en les capes freàtiques del seu pensament i aquelles *stürme* romàntiques van acabar d'arribar a tot arreu, en forma de guerra de trinxeres. Ara bé, no només alemanya n'estava afectada. Marx, ja el 1958, denunciava en els seus articles periodístics –respecte al cas d'Anglaterra– uns nivells de bogeria

que pujaven al mateix nivell que les exportacions [76]. Semblaria que els seus comentaris

fet a mitjans del XIX els podia haver escrit sobre l'Espanya contemporània del

XXI.

És ben clar que el Modernisme a Catalunya tenia un fort component

de nacionalisme cultural i no és pas una excepció, sinó tant sols una accepció

més d'una complexitat europea. Com hem dit abans el cas català té, salvant

distàncies, moltes similituds respecte al cas txec o hongarès, sobretot en

referència a les qüestions de recuperació lingüística i nacional.

Si posem el focus a Txèquia veurem com el nacionalisme txec tenia la

sort de poder fer complexos joc d'aliances entre diversos jugadors veïns

(Hongria, Alemanya i Àustria). Els hongaresos van frustrar la carta foral txeca el

1871 proposada per Heinrich Clam-Martinic i recolzada pel primer ministre

Karl Hohenwart. Els nacionalistes alemanys i els dirigents hongaresos van fer

front comú per oposar-se, però hi ha corrents massius que no es poden aturar, i

fins i tot el ressentiment txec davant d'aquests pals a les rodes va fer que anys

més tard, el 1914, nombrosos txecs lluitessin sota les tropes russes o franceses

contra   les   tropes   germano-austríaques.   Finalment   van   aconseguir   la

independència (què hagués passat si Espanya s'hagués involucrat a la Gran

---

[76] MARX, K. *Articulos periodísticos*. Barcelona, ALBA, 2013. Pàg. 113

Guerra?).

Cal dir que els txecs no van formar un país del no-res el 1918. Portaven anys lluitant culturalment per la seva identitat tal i com aquí es feia, de manera no tant radical. Frantisêk Palacky (1798-1876), líder dels "vells txecs" i que va ser l'editor de la revista del Museu Nacional de Bohèmia, proposava la continuïtat de les aspiracions dels hussites en la seva *Historia de Bohèmia* [77]. Palacky afirmava que els txecs eren l'únic poble que havia tornat al catolicisme per la força de les armes i això els feia ben diferents (parafrasejant Freud podríem dir respecte al catolicisme que *només dues coses van salvar a l'església catòlica: la sífilis i Martin Luter*[78]). De fites en el nacionalisme txec hi ha moltes, entre elles la Universitat expressada en idioma txec. Mentre aquí a casa nostra la Universitat de Barcelona restava com una espècie d'àncora del espanyolisme (no canviarà fins l'arribada de la segona república) allí, ja el 1863, assoleixen una universitat separa entre dos ètnies lingüísticament separades, els txecs i els alemanys, cosa que no va deixar de provocar conflictes. A la Praga de Kafka la lluita va ser realment important en el tema del idioma, els alemanys es negaven bàsicament a aprendre txec. A banda d'això en uns inicis els nacionalistes txecs els era difícil de trobar determinats especialistes que palesin txec per a les seves Universitats. I fins i tot Arnold Pick, director del psiquiàtric de Praga sobre el 1880, trobava difícil

---

[77] Geschichte Böhmens; 5 vol. 1836-1867.
[78] DA. NUMBERG & FEDERNS (ed.) *Minutes of the Phycoanalytic society.* 1962.

trobar empleats que parlessin el txec [79]. La comunitat txeca de Viena va bogar

per la creació d'una escola primària txeca i quan el rector de la universitat de

Viena va donar el vist-i-blau el van fer dimitir (la universitat txeca de Praga

expressà el seu agraïment al ex-rector en francès). Sempre les escoles, els

mestres, els llibres, el grans forjadors de tot nacionalisme sigui a Txèquia, a

França o a Turquia. Els txecs, conscients d'això es traslladaven a districtes poc

poblats per mantenir obertes els escoles txeques. La resistència dels txecs fou

tenaç. Els nacionalistes alemanys tampoc es van quedar curts en aquestes

accions que provocaven reaccions: els alemanys de Moràvia i Txèquia es van

radicalitzar i van començar a expressar la seva rancúnia de veure's sotmesos a

una tossuda i petita cultura mitjançant un ideari que destil·lava fronteres racials.

Aquest nacionalisme van passar a engrossir les files de Von Schörener, per una

banda i d'un socialisme cismàtic —el *Deustche Arbeiterpartei*— que més endavant

passà a ser el *Deutsche Nationalsozialistiche Arbeiterpartei*, més ben conegut pel seu

acrònim DNSAP[80] i que tants problemes donarà en un futur. No ho oblidem,

molts dels fanàtics del nazisme provindran de les regions perifèriques de la

cultura alemanya. Hitler n'és el més paradigmàtic en aquest sentit.

Les implicacions socials de la radicalització van ser grans: per

---

[79] JOHNSTON, W. M. *The Austrian Mind. An intellectual and social history 1848- 1938*. University of
California press. 1983. pàg. 267.
[80] *The Autrian Mind. op. cit*. Pàg. 633.

començar deixaren d'haver matrimonis mixtos entre txecs i alemanys, doncs des de ambdues bandes estava molt mal vist i era signe de fatalitat futura per les famílies. Però no tot fou negatiu en els aspectes sòcio-culturals: la mateixa tensió –greu i *in crescendo*– en aquesta centreeuropea en ferment va generar tota la intel·lectualitat brillant txeca que va prosperar a Viena. La llista és espectacular: Freud, Kraus, Víktor Adler, Gustav Mahler, Adolf Loos, Böhm-Bawerk, Schumpeter i un llarg *et caetera*. Acostuma a donar-se aquestes paradoxes: quan l'ambient politicosocial és extremadament complex l'art floreix.

Esta clar que nacionalisme i darwinisme es van coadjuvar per formar una grollera proposició on destacava com a atribut el racisme. Stewart Chamberlain o Spengler no van ser els únics ni de bon tros que van caure en aquest pou sense fons que alimentà el ressentiment en totes les bases post-industrials europees disconformes amb la seva realitat. D'altres com el creador de la *Gestalt*, Von Enrefels, assegurava que era una veritable pèrdua per la humanitat la guerra mundial, bàsicament perquè *els més valents moriran i els més inadaptats sobreviuran*. La recerca de la forma pura sota paràmetres científics sense un humanisme cristià era la base de molts d'aquest racisme escampat arreu. No obstant també es podien trobar nombrosos exemples del contrari, de una terrible imbricació entre religió i darwinisme. L'exemple més paradigmàtic fou potser el de Jörg Lanz von Liebenfels, ex-monjo i creador de la revista

133

antisemita *Ostara*, la revista llegida per Lord Kitchener, així com també llegida

per un jove austríac de cultura alemanya que vagarejava per Viena, en Hitler[81].

La barreja d'aquest bregatge positivista amb l'aiguabarreig cristià va fer

creure a un quants que una única raça humana seria la que dominaria el món per

tal de mobilitzar el millor de les energies humanes, exercint, de fet, una

providència humanitzada. Hi hagués o no un temperament cristià d'aquesta

onada de fons el fet es que no va ser prou fort per evitar l'era de sang i foc que

venia anunciada pel segle XX: lord Kitchener fou el primer en instaurar camps

de concentració per a la població civil (durant la seva estada a la guerra dels

Bòers) i què en podríem dir d'Adolf Hitler i la seva *Endlösung* [82] que no s'hagi dit

ja? Ambdós personatges són només la punta del iceberg d'un corrent de llarga

durada i d'una intensa crueltat: pensem sinó en el flamant *Nobel* angles de

literatura de 1953, també conegut per Winston Leonard Spencer Churchill, i la

seva facilitat de resoldre expeditivament qualsevol conflicte, especialment els de

fora de l'illa britànica[83] ;o en els més que polèmics camps de concentració nord-

americans per a població nord-americanana d'arrels japoneses durant la segona

---

[81] Hitler que anys més tard, el 1909, li demanà personalment el números enrederits d'aquesta revista. *The Austrian Mind, op. cit.* Pag. 760.

[82] *La solució final.*

[83] Ens referim naturalment a Lord Winston Stanley Churchill. La brutalitat dels seus pensaments no és gens coneguda pel gran públic, que ràpidant es maravella amb els púmbics volums sobre la Segona Guerra Mundial. Durant la seva etapa de Secretari d'Estat britànic per la a Guerra, de l'aire i per a les colònies entre 1919 i 1922 va esmentar frases com aquestes: *I am strongly in favour of using poison gas against uncivilised tribes.*(citat de EVANGELISTA, M.: *Law, Ethics, and the War on Terror.* Polity press. 2008. Pàg. 33.

guerra mundial[84]. Ha estat relativament fàcil pels historiadors lligar ambdues

guerres mundials com a una d'única: *la Guerra Civil Europea* [85]. Domènech, el

nostre autor, no va celebrar el primer acte d'aquesta guerra *incivil,* és més:

malgrat restar lluny ja de la política, de Prat de la Riba de l'obra de la

mancomunitat, de Solidaritat Catalana, de l'Assemblea de parlamentaris de 1917,

de la campanya per l'Estatut d'autonomia del 1919, del moviment que provoca

la conferencia nacional catalana de 1922, s'horroritzà enormement davant la

pèrdua –bàrbara– de la catedral de Reims pels bombardejos alemanys [86].

Per a Domènech el món havia canviat. A Domènech i tots els Modernistes els

va passar per sobre el Noucentisme i totes les idees coadjuvades, entre aquestes

les idees pseudo-imperialistes. Els Noucentistes van ser sensiblement més

dretans que els modernistes. I és que de fet els noucentistes van estar molt

influenciats per Maurras i Barrès, es tractava d'un conservadorisme il·lustrat i

brillant, que servia a la perfecció al dirigisme que proposava Prat de la Riba. Així

una nova generació creia en una Catalunya immutable i eterna. La fi del

modernisme va donar lloc a un nacionalisme eixamplat, però que en cap cas era

un fracàs. Per o la presencia d'una esquerra també nacionalista va donar lloc a

encaminar d'una manera global i irreversible el nacionalisme català cap al model

---

[84] HOUSTON, J.; WAKATSUKI, J. *Farewell To Manzanar: A True Story of Japanese American Experience During and After the World War II Internment.* Laurel Leaf. Houghton Mifflin CIA. 1973.

[85] TRAVERSO. E. *A sangre y fuego: De la guerra civil europea (1914-1945).* Publicacions de la universitat de València, 2009.

[86] DA. *Lluís Domènech i Montaner en 50è aniversari de la seva mort 1850-1923.* Pàg. 91.

"txec", o sigui, un nacionalisme que compartien gran part de l'espectre polític i sindical. En el nacionalisme cultural però tota una antiga fornada de modernistes es veien desplaçats per els noucentistes. Només uns pocs com Pompeu Fabra van continuar la seva tasca amb la idea d'una cultura catalana per sobre de tota divisió politico-social. La gran majoria feu cap cap a tendències o bé dretanes –tradicionalment nacionalistes– o bé esquerranes –que adoptaran formes nacionals–. Totes elles vitalistes, plenes d'irracionalisme finisecular. En el món de les lletres triomfaven els verbs *voler* i *somiar*. La aparició extrema de la formulació imperial respecte a la qüestió catalana estava a punt d'arribar i no va quallar del tot perquè senzillament no va tenir temps de fer-ho.

Si ara passem al cas hongarès veurem com apareixen d'altres semblances més que raonables. La primera de les semblances que el renaixement cultural es produeix més o menys a la mateixa època. Els hongaresos van patir la notable influència centrípeta cap a la Viena dels austríacs durant la presència com a ministre d'interior del Baró Alexander Von Bach. A finals del segle XVIII Hongria s'emprava el llatí en l'administració i en el govern. La noblesa parlava francès o alemany, a més del llatí. El magiar era dons la llengua dels camperols. Quan Joseph II substituí el llatí per l'alemany com a llengua oficial de l'administració argumentant que un país il·lustrat no podia emprar una llegua morta el poble es va indignar. S'obligava als funcionaris a

136

aprendre l'alemany en un lapse de 3 anys. Herder, el poeta, fins i tot va pronosticar[87] la fi del magiar com a poble i com a llegua –a el quart volum de la seva *Ideen zur philosophie der Geschiche der Menschkeit* (1791)–. Només un parell d'anys després, el 1793, rectificà i feu un homenatge al poble magiar per defensar la seva llengua –a *Briefe zu Beförderung der humanität* de 1793– . El 1793 el magiar es convertiria en llengua obligatoris a les escoles (excepte a Croàcia) i el 1805 es va autoritzar a emprar-se a la càmera baixa de la Dieta. A més qualsevol instancia feta en hongarès s'havia de respondre en aquesta mateixa llengua per part de l'administració.

En aquest procés promogut per escriptors i intel·lectuals la implicació d'aquests fou més que notable: István Széchenyi (1791-1860) va posar part de la seva fortuna per aixecar l'acadèmia hongaresa de les ciències sota paràmetres lingüístics hongaresos; Sandor Petofi, prohom de la llengua magiar, va sortir al carrer bramant contra els austríacs el 1848. Cal pensar que parlar hongarès significava lluitar contra la tirania austríaca i contra la llarga rivalitat cultural confrontada amb els eslaus. Tanmateix, i en honor a la veritat, els hongaresos van aplicar ben poca sensibilitat lingüística i cultural davant croates, rutens, eslovens, alemanys i romanesos de Transilvània.

Finalment entre 1834-1844 el magiar es va imposar com a llengua oficial

---

[87] SCOTT, H. & SIMMS, B. (ed.): *Cultures of Power in Europe During the Long Eighteenth Century.* Cambridge University Press. 2007. Pàg 214.

137

d'Hongria. El 1836 era obligatòria a la justícia. El 1840 totes les instancies administratives s'havien de comunicar en aquesta llengua. El 1844 obligatori a la Dieta. El triomf del hongarès va ser tal que el 1849, després de la derrota amb els austríacs els hongaresos van utilitzar la seva idiosincràsia lingüística per dificultar la tasca dels funcionaris austríacs que tant havien crescut amb el ministre de l'interior Bach (1852-1859). Bach intentà germanitzar tardanament Hongria i la reacció fou tant forta que va passar exactament el contrari. Somric ara i penso en el *nostre* ministre de cultura l'il·lús Don José Ignácio Wert Ortega. El creador d'una llei educativa que té el dubtós mèrit de no comptar amb el *placet* de la comunitat educativa hauria de llegir més i aprendre que hi ha coses, com els sentiments nacionals, que no es poden agafar amb la mà closa sinó amb la mà oberta. En els temps del compromís hongarès vora 1861 –la *kakania* de Robert Musil– fins i tot Wagner era traduït al hongarès a Budapest i si algú volia parlar en alemany a Budapest abans emprava la formula "si-us-plau" en hongarès[88].

La complexitat és tal que a tall d'exemple de les imbricacions futures podem esmentar a Theodor Herzl: jueu, hongarès i lingüísticament alemany, fundador de la futura pàtria jueva. M'aturaré en aquest personatge doncs la seva *délibáb*[89], el seu pensament màgic i somniador tan característic de la cultura

---

[88] *The austrian Mind. op. cit.* Pàg. 791.
[89] La *Délibáb* és el fenomen òptic que es produeix a les planures hongareses els dies de calor molts

magiar i que el va permetre projectar una pàtria jueva també va existir, d'una manera o altre, a la Catalunya de canvi de segle. Potser encara no a nivell polític però si com a realitat artística que sublimava una impotència nacional de ser. Com entendre si no els deliris geniüts d'un catòlic com Gaudí i la seva relativa acceptació social? o l'atreviment de Domènech alhora de plantejar un palau per escoltar música? *La imatge és un fet* ens diu Ludwing Wittgenstain [90].

Després de veure amb cert detall els casos hongarès, txec i algun detall del cas jueu podem extreure'n alguna cosa: res realment perdurable es pot aconseguir sense cap esforç i és més: si es vol alguna cosa que romangui, un canvi que perduri i que sigui un canvi de paradigma en comptes d'una repetició cíclica d'un problema hom ha de lluitar i estar disposat a pagar-ne un preu en forma de correlació anàloga de forces reactives a un impuls actiu.

VI.   El treball en la recerca o la recerca en el treball.

Quan la natura es repeteix un cop rere un altre ens permet veure la infinita varietat que hi ha en ella. Quan el poeta es repeteix diem que ha perdut la frescor. No hi ha res que justifiqui aquella conclusió. El

---

semblant als miratges del desert. Paral·lelament també significa, en l'ordre cultural, el fet de projectar o projectar-se en coses, a priori, impossibles.
[90] WITTGENSTEIN, L. *Tractatus logico-philosophicus.*

poeta, igual que la natura, busca la perfecció a través de la experimentació amb el mateix material.

Arthur Schnitzler

Citat a VIERECK, G. S. *Glipses of the Great* .

És evident que Domènech no era pròpiament un fotògraf professional tot i fer fotografies (de la mateixa manera que no tothom que escriu alguna cosa tampoc és estrictament un escriptor). Tampoc no sembla que en la seva vida personal tingués massa sentit de l'humor, característica aquesta que s'acaba per encomanar en l'exercici rutinari de distanciació que tot exercici fotogràfic obliga. Diuen fins i tot que tenia molt mal geni. Cal recordar com parlà del jove i ambiciós Cambó amb Cadafalch poc després dels desacords referents a la visita del rei a Barcelona. *–No em porteu canalla!,* va dir ell [91].

La seva fotografia, aquí present, simplement anunciava allò que més tard seria pedra, guix, forja o vidre. Doncs es més que possible que de les formes de les plantes que em vist en fes dibuixos que passava després als seus col·laboradors, als seus vitrallers, els seus forjadors i als caps de producció de les fàbriques de ceràmica. De fet, si veiem el catàleg de ceràmica de l' antiga fàbrica Pujol i Bausis a l'annex VII veurem exemples de la quantitat de dissenys florals que – sospito– poden ben bé haver estat inspirats en les nostres fotografies.

---

[91] COLL I ALENTORN, M. *Textos i estudis de Cultura Catalana.* Història/2. Curial, Publicacions de l'abadia de Montserrat, 1992. Pàg. 478.

Dificilment es podria posar en dubte que Lluís Domènech i Montaner va voler ser una mena d'*home total* més enllà de la seva ascendència acomodada que les rendes i l'ofici del seu pare –editor de prestigi– li podien haver proporcionat. Que hagués passat si la sobtada mort d'aquest no li hagués truncat el tercer examen obligatori per ingressar a la Acadèmica de Belles Arts de Roma el 1874? No ho sabrem mai, però en cap cas aquest traspàs, que l'obligà a assumir el negoci familiar conjuntament amb son germà, no condemnà al jove arquitecte a una grisa existència. Un simple cop d'ull a l'excel·lent tasca feta per en Domènech en aquest sentit –enquadernador, dibuixant, dissenyador, il·lustrador, editor– en dona bona fe. Foren aquells anys –els anys abans dels primers encàrrecs arquitectònics de rellevància fets arran de l'exposició del 1888– on en el jove i prometedor barceloní forjà el seu esperit catalanista gràcies sobretot a la primigènia empenta dels jocs florals iniciats el 1859. Serà *Lo Gai Saber*[92] preconitzat per aquella primera i llarga fornada romàntica i nacionalista el que va assentar les bases d'una Renaixença catalana. El treball d'homes com Rubió i Ors, Milà i Fontanals, i més endavant Bonaventura Carles Aribau, Víctor Balaguer, Antoni de Bofarull i Valentí Almirall seran l'eix sobre el qual la cultura catalana revifarà sobre un territori i una població vuitcentista on –més que sospito– realment residia la pervivència de la llengua catalana; i això

---

[92] Així també eren coneguts els Jocs Florals.

malgrat la situació d'inferioritat evident en la situació de diglòssia oficial des de el 1714. La llengua, en el cas català, era un element capital en la formació de nacionalisme. I de fet no només en l'àmbit català: Hobsbawm[93] copsà la importància d'un fet a priori anecdòtic com el d'una simple pregunta estadística: el fet es que els estats europeus plurinacionals i plurilingüístics van tenir moltes reticències sobre la inclusió d'una pregunta sobre la llengua parlada pels seus ciutadans[94] doncs la mateixa inclusió de la pregunta obligava als ciutadans a confessar no només l'elecció d'una llengua sinó també la pertinença a una nacionalitat lingüística. Podem dir que la formulació de preguntes en una enquesta mai és innocent. Fins i tot el fet de que d'enquestes se'n facin o no sobre determinats temes també no ho és d'innocent [95].

La llengua és sempre alguna cosa més que l'eina de comunicació entre els humans. Veieu la resposta que Gabriel Alomar va donar el 1918 a Miguel de Unamuno a les Corts Espanyoles quan aquest advocava per l'establiment d'una única llengua –la castellana– com a llengua d'escola:

> *Es cierto que el catalán ha podido ser algún día espingarda, en cuanto a su*
>
> *alcance; pero no olvidemos que hay dos clases de Lenguas: las unos, de*

---

[93] HOBSBAWM, E. *Naciones i nacionalismo desde 1780*. Barcelona: Crítica, Libros de Historia. 1991. *Pàg. 108-109.*

[94] Això va ser vora el 1880, arran de les resolucions del Congres d'Estadística Internacional de Sant Peterburg de 1873. Hobsbawm, E. *op. cit.* Pàg. 51.

[95] A tall d'exemple és sorprenent la no inclusió d'una valoració de la corona espanyola al CIS des d'octubre de 2011, quan la institució va quedar suspesa per primer cop des de el començament de la democràcia. 4,89 sobre 10. Diari Publico, edició digital del dia 19/04/2013.

extensión, y las otras de intensidad; éstas son las lenguas de cultura; y si

analizamos los más altos valores literarios del siglo XIX, acaso

encontremos en ellos como cúspide a poetas, a escritores que han usado

espingardas y las han convertido en mausers. ¿Qué otra cosa son el gran

Mistral en su provenzal, Ibsen en su noruego y Sienkiewitz en su polaco?

Bien decía Musset y muchas veces ha sido nuestro lema: «Mon verre est très

petit, mais je bois dans mon verre». Mi vaso es muy pequeño, pero yo bebo

en mi vaso.[96]

I bé, al cap i a la fi la llengua pot ser element d'unió o digressió, tot depenent de la fortalesa del nuclis d'atracció en casos d'Estat plurilingüistics. A la coneguda novel·la de Joseph Roth *La marxa Radetsky* el pare eslovè que saluda al seu fill recentment ascendit no li parlà en eslovè, tal i com esperava el fill, sinó en el rude alemany que parlaven els eslaus de l'exercit de la Doble Corona.

La Renaixença s'endegà des d'aquella joventut burgesa, d'arrel conservadora, que no necessità adular ni fer-se el sol·lícit davant dels professors d'aquella

---

[96] http://www.nodulo.org/ec/2012/n124p09.htm
El 28 de juny Unamuno va sortir elegit diputat, com a independent, de les Corts Constituents, juntament amb diverses figures de la intel·lectualitat espanyola, amb la candidatura republicà-socialista. La principal missió d'aquestes Corts va ser elaborar la nova Constitució. Quan van començar els treballs sobre l'idioma oficial, el text del projecte fet per la Comissió, deia: «El castellà és l'idioma oficial de la República, sense perjudici dels drets que les lleis de l'Estat reconeixen a les diferents província o regions». Llegides aquestes paraules, Unamuno va tenir una llarga intervenció el 18 de setembre que fou replicada per Alomar, poeta i prosista nascut a Palma, però des de molt jove resident a Barcelona, on es va quedar a viure.

universitat de Barcelona centre del espanyolisme cultural a Catalunya. Eren joves que l'època –i els diners patrimonials– els conduïen a prendre distància i deixar de sospirar per la plaça fixa de funcionariat estatal. Ja em dit abans que foren aquells els primers en fer una cosa tant antieconòmica com escriure en català. Ells van permetre que en una segona generació i tercera generació en la qual ja va aparèixer un catalanisme esquerrà, culturalment potent, format de manera meritòria mitjançant les biblioteques públiques i els ateneu populars que s'havien anat creant.

Domènech formarà part d'una segona fornada renaixentista (*renaixentista* a dreta llei en el sentit que reviscolaven una cultura que mai s'havia apagat del tot sobretot en les capes més populars de la població). Si la primera generació assentà les bases de la recuperació cultural sobre el treball en una "Alta Cultura" –expressada aquesta en llenguatge a-normatiu– i guiada per tota una tradició capitanejada pels sabers clàssics com la història[97] i la filosofia clàssica– la segona fornada de nacionalistes catalans –la generació coetània a Domènech i Montaner[98]– ho féu sobre d'altres escenaris, inclosos els polítics.

---

[97] No s'ha d'oblidar que les magnes obres tant de Bofarull com Balaguer van versar sobre la història de Catalunya. És més: la història del primer (de 1876) va ser-ne una crítica a la del segon (del 1860-63)
BALAGUER, V. *Historia de Cataluña y de la Corona de Aragón.* III tom. Barcelona: 1860.
BOFARULL. A. *Historia Crítica de Catalunya* - Bofarull/9 Tomos. 1876.
[98] A on s'inclourien a tants i tants il·lustres com Verdaguer, Guimerà, Maragall, Torras i Bages, Oller, Bartomeu Robert, Costa i Llobera, Duran i Bas, Puig i Cadafalch, Prat de la Riba, Gaudí, Albéniz, Nonell, Casas, Russinyol, Ignasi Iglésias, i tants d'altres...

144

D'aquesta manera podem entendre com Domènech participarà en el Memorial de Greuges i les Bases de Manresa, com el Dr. Robert, alcalde de Barcelona, es negarà a cobrar els impostos als barcelonins que van tancar caixes[99], com Cadafalch i Prat de la Riba realitzaran una tasca ingent en la consecució d'una estructura administrativa pròpia amb poc més que el capital de l'empenta. Noucentisme li van dir a allò que superava el Modernisme, una estructura lligada a programa, a política, a estructura...però, *nihil novum sub sole,* si no acaba havent-hi *recompenses* la gent defalleix i, finalment, deserta. D'això en donà fe la trajectòria d'en *Xènius[100].* És en aquell moment, quan Domènech és un jovenet, on el catalanisme militant *de cafè i taverna* dels joves i futurs prohoms de la Renaixença era un magma bullent on s'elucubrava l'acció –ara conservadora, ara republicana, ara federal– davant un regne d'Espanya afectat per una llarga crisi que es remuntava pràcticament a la praxis napoleònica sobre la península –o fins i tot més enllà–. L'esperit de segle bufava amb força i aquest *schauung* renaixentista imbuïa a tota aquella generació. L'utopisme o el somni d'arribar a allò que abans era inimaginable s'aliaven ara amb el treball meticulós i titànic d'uns homes que forjaren aquest complex i subtil *renaixement* del XIX; la creença en l'empirisme, en la força de la ciència –la *gaia ciència* dels jocs florals– es

[99] Ens referim al Tancament de Caixes de 1899 en contra d'un tipus impositius, sensiblement superiors a Barcelona que els aplicats a Madrid, que es van decretar per mirar d'eixugar un dèficit galopant fruit de les pèrdues colonials.
[100] Ens referim naturalment a Eugeni d'Ors, del qual el gir copernicà de lleialtats, afectes i fílies és ben conegut.

coadjuvà amb els saber enciclopèdic. Tota aquella societat –o si més no una gran part de l'elit que la governava– restà impregnada d'un esperit de canvi que acceptà de bon gran l'acceleració marcada pels esdeveniments industrials. El Modernisme triomfà només en aquella xarxa local de ciutats on l'existència de projecte s'alià amb un substrat social inclinat i afavoridor del canvi d'un canvi de la forma que sublimava, només en part, el canvi necessari que es reclamava en el fons: la Barcelona dels modernistes, la Viena dels *sezesionistes*, la Münich dels *Jügend*, el Paris dels *Nouveaus*, o la Glasgow dels *Liberty*. Ja vam parlat abans de la relativa tolerància de la població barcelonina–malgrat algunes àcides crítiques– envers les obres de Gaudí com la seva *catedral dels pobres?*[101] Domènech, poder menys agosarat que Gaudí però amb solucions arquitectòniques nogensmenys modernes, construirà nous edificis desconstruint antics estics i provant combinacions fetes d'originals mixtures que aportaran nous sentits. Posem-ne alguns exemples: la poliorcètica medieval que amaga una diàfana nau central (al castell dels tres dragons); les finestres medialitzants que apareixen juntament amb tribunes barroques (a la Casa-museu de Canet de Mar); el funcionalisme radical i l'arquitectura de matriu d'enginyeria (en l'obra efímera de l'Hotel Internacional[102]). En el seu treball podem veure com els seus tantejos –i els seus

---

[101]En referència a la catedral de la Sagrada Família de Barcelona pintada per Mir en el quadre homònim.
[102]L'edifici fou aixecat en 53 dies, tota una proesa a l'època.

146

errors– forgen solucions que s'incorporen progressivament en tot un contínuum d'obres. A l'Hospital de Sant Pau, on es recull una arquitectura modernista que alhora assumeix les corrents higienistes del moment –l'exigència de pavellons aïllats–, Domènech, no deixarà pas aïllats els elements del conjunt i amb una més que moderna racionalitat idearà la intercomunicació subterrània dels pavellons. Es en aquest sentit que podem dir que el seu treball es basà en la recerca de solucions davant els problemes; les dificultats en Domènech passava sempre per l'escomesa de treball[103] per resoldre els problemes a mesura que sorgien. És aquesta la lectura que, transvasada, proposo per a l'estudi de les fotografies de plantes de l'arquitecte Lluís Domènech i Montaner. La solució dels problemes esta simplement en l'escomesa d'aquests mateixos problemes. A falta de nous dissenys, buscar-los; i per això va recórrer a la natura, fotografiant-la i buscant la inspiració en la més arrelada font de l'art per transmetre-la als artesans en el seu treball artesanal de les arts aplicades.

VII.   Domènech i una *nova objectivitat*?

> *2.141*   La imatge és un fet.
> *Tractatus logico-philosophicus*. L. Wittgenstein.

---

[103]Conegut es, pels estudiosos de l'obra de Domènech, l'hàbit de l'arquitecte de intervenir en el treball diari dels caps d'obra i de variar sovint els elements dissenyats per uns d'altres un cop la idea prevista no quallava amb la realitat.

147

No ens es gaire difícil relacionar a primera vista les fotografies de natures mortes d'en Domènech amb les anys després realitzà, de forma gairebé obstinada i *devota,* Karl Blossfeldt, el qual afirmava –sempre segons l'*Encyclopedia of Twentieth-Century Photography*– que *"La planta mai cau en l'àrid funcionalisme, canvia i pren formes d'acord a la lògica i a la conveniència, i amb la seva força primigènia obliga a tot per aconseguir la més alta forma artística.* " [104]. Hem dit *devota* –i l'hem posat en cursiva–puix la recerca científica que impregna aquest llarg període que va des de la primeríssima revolució industrial fins a l'actualitat la ciència ha estat un far recurrent d'un agnosticisme paral·lel a la fe de tipus cristià. La ciència va ser pràcticament sentida com a religió capaç de resoldre els problemes del món. Fins i tot el marxisme o els diferents utopismes, com l'esperanto, així veien a la ciència.

El fotògraf abans esmentat, Karl Blossfeldt, pertany a el que s'ha anomenat la *Neue Sachlichkeit,* la nova objectivitat. Aquests corrent artístic va sorgir a Alemanya poc després de la Gran Guerra immersa en un corrent espectacular de renovació artística que anava des del futurisme al surrealisme. La fotografia es convertí en un mitjà privilegiat per captar allò que hom prenia com realitat, sense embuts, sense manipulació, conjugant l'estètica amb la precisió científica de caràcter documental. Els fotògrafs alemanys com Blossfeldt crearen

---

[104] *"The plant never lapses into mere arid functionalism, it fashions and shapes according to logic and suitability, and with its primeval force compels everything to attain the highest artistic form."*

un tipus de fotografia basada en la nitidesa de la imatge i la utilització de la llum com a mitjà expressiu, modelant les formes i destacant-ne les textures. Aquest tipus de fotografia tingué una important ressonància internacional, generant moviments paral·lels com allò que se'n dirà *Straight Photography* als Estats Units..

Un dels més destacat fotògrafs fou Blossfeldt i tot el seu recull meravellós de fotografies de plantes. Un altre exponent d'aquest corrent fou August Sander, que es dedicà principalment al retrat, creant un projecte quasi enciclopèdic que pretenia catalogar de forma objectiva a la població de l'Alemanya de Weimar. Ja hem parlat abans que els seus personatges *Gesell*, recopilats en 1929 en el seu primer volum anomenat *Antlitz der Zeit,* no van agradar massa als nazis. Aquests quan 4 anys més tard arribin al poder s'encarregaran de destruir 40.000 negatius del fotògraf. El cas de Blossfeldt no va ser ni de bon tros tant controvertit: la seva mirada objectiva es va centrar no en els homes sinó en les plantes.

Blossfeldt, com Domènech, mai va rebre cursos de fotografia formal. En el cas de l'alemany aquest utilitzà una càmera casolana dissenyada per ampliar significativament els motius, cosa que era certament un grau més que no pas la simple utilització d'una càmera de plaques *Gilles et Frères*. Com Domènech també usà la fotografia com a una eina didàctica per a les seves classes d'escultura. Així doncs, en un principi, les seves fotografies només tenien un motiu d'origen assistencial. No obstant, aquella perseverança, aquella obstinada ètica alemanya [105] donà els seus fruits en forma de catàleg. El primer

llibre de Blossfeldt, *Unformen der Kunst* fou publicat també el 1929, quan

Blossfeldt ja tenia 62 anys. El més interessant és constatar que, malgrat la

intensitat i l'excel·lència del treball de Blossfeldt, la data de la publicació de les

seves 120 fotografies del seu *Unformen* és bastant més tardana que els treballs de

Domènech sobre les plantes. No obstant parlem d'un petit *décalage* que no altera

una mena de sincronia respecte allò que s'esdevenia amb la fotografia. Unes

sincronies que posar en evidencia una mena d'*època axial*[106] en la fotografia al

llarg de tot el segle XIX i principis del XX. No importa tant el lloc concret on es

van produir els trencaments respecte a la temàtica o al tractament del món a

través de la fotografia. És més el temps més no qualsevol geografia. Daguerre

apareix juntament amb Niépce; Fox Talbot investigà al mateix temps que Scott

Archer; Felice Beato esta fotografiant la guerra de Crimea al mateix temps que

ho fa Fenton. Com afirma Zuzunaga és possible imaginar-nos que la fotografia

fou una tabla de salvació respecte a *"la insoportable textolatria imperante en el XIX"* [107]

. Tanta lletra, la mateixa lletra que havia creat les místiques nacionals, reclamava

a crits els silencis que propiciaven les imatges.

---

[105]Segons Peter Sloterdijk dues forces europees es poden copsar al llarg de la historia contemporània a Europa, la de la *obstinació* alemanya i la de la *resistència* francesa.
SLOTERDIJK, P. *Has de canviar tu vida*. Pre-textos. 2012.
[106]*Achsenzeit* . Concepte que confesso prestat de Karl Jaspers i la seva idea de sincronisme evolutiu i tecnològic al llarg del neolític.
[107]ZUZUNAGA, M. *Desde el otro lado de las cosas*. Paperback. 2013. Pàg 3.

Blossfeldt publicà un segon llibre el 1932 anomenat *Wundergarten der Natur*. La pràctica de l'escultura passà en un segon pla, i, com un pigmalió modern, la bellesa de la fotografia el captivà fins fer de l'afició a la recerca del document un acte de meravellament envers la natura. Llegim-lo:

> *My flower documents should contribute to restoring the relationship to nature.*
>
> *They should reawaken a sense for nature, point out its teeming richness of form, and prompt the viewer to observe for himself the local plant world.*[108]

Prenem bona nota del que diu: *restaurar la relació amb la natura* a través del seu treball. Com no lligar això amb tota la estètica domenechiana a on els components arquitectònics tenen aquell to organicista tan arrelat en les formes de la natura? Domènech era l'arquitecte modernista que més recarregava la seva obra i, fins i tot, fidel al seu estil, ho va fer quan ja hi havia veus que reclamaven una arquitectura que procurés reduir els elements decoratius. La corba en la seva arquitectura predomina enlloc de les línies rectes. Un *horror vacui* és el sentiment que anima moltes de les seves obres ja siguin plans arquitectònics troncals o decoracions ornamentals de les arts menors.

No obstant –ho sabem– la fotografia per a Domènech no va anar més

---

[108]http://gelorobinson.com/photoblog/tag/karl-blossfeldt/

que una passió utilitària. Ell senzillament agafà una eina novella, la càmera, de la qual pocs contemporanis a ell tenien l'oportunitat de fer servir. La relació de Catalunya i la seva societat amb la fotografia no s'inicià en aquell moment. Ja feia anys que es produïa. Gairebé des dels inicis. De fet el primer daguerreotip documentat al nostre país fou a Barcelona el 10 de novembre de 1839, i l'autor material no fou un francès vingut a Catalunya sinó un català anomenat Ramon Alabern. Això no obstant, l'introductor del daguerreotip a Catalunya fou –més que probablement– Pere Felip Monlau (1808-1871), higienista, i Joaquim Hysern Molleres (1804-1883), metge i publicista català. Tots dos estaven ampliant estudis a París en aquell precís any en que Daguerre presentava públicament el seu invent, el daguerreotip. Pel que fa a Pere Feliu Monlau, ell era el corresponsal de l'*Academia de Ciencias y Artes* de Barcelona a París, catedràtic de Història, psiquiatra i humanista. En tot cas una ànima inquieta que, a més a més, fou capaç de treure les cadenes del bojos de l'Hospital de la Santa Creu i Sant Pau (en consonància a tot el seu pensament sobre els elements d'higiene pública expressats en un llibre homònim[109]).

Marie-Loup Sougez, una autora referencial en allò que en diem foto-història, destaca que les traduccions espanyoles del llibret de Daguerre són edicions ja de l'any 1839 –de fet Monlau dóna informacions sobre aquest procés

---

[109] MONLAU, P. F. *Elementos de higiene pública*. Barceona: 1947.

al llibre *Memoria sobre el daguerrotipo* . És interessant advertir que, tant a Madrid com a Barcelona, la majoria dels divulgadors eren científics catalans i que tots ells col·laboraren activament a la premsa liberal. Amb tots aquests exemples –en els quals hem de sumar l'exemple que ens proporciona Domènech– s'ha de remarcar el prolífic lligam que hi ha entre fotografia i ciència; ambdues coses van de bracet des de mitjans de segle XIX fins a la progressiva massificació de la fotografia a principis del XX.

A casa nostra els grans experimentadors de la fotografia de mitjans i finals de segle XIX van ser curiosament metges. Dintre d'aquesta constel·lació de científics/fotògrafs hi trobem el Dr. Joan Giné i Partagàs (Barcelona, 1836 – 1903), el Dr. Jaume Ferran i Clua (Corbera, Tarragona 1852 – Barcelona 1929), el Dr. Josep Salvany i Blanch, (Martorell, 1866 – Barcelona 1929), el Dr. Joaquim Pla i Janini (Tarragona 1879 – Barcelona 1970), el francès Dr. Claude Guillot (Vaulx en Velin, Lyon 1867 – Barcelona 1934) o l'aragonès Santiago Ramón y Cajal (Petilla de Aragón 1852 – Madrid 1934), qui també va afavorir la introducció de la fotografia a Espanya i que posseeix un interessant llegat fotogràfic que va més enllà de la fotografia de caire mèdic. No es pot oblidar que Ramón y Cajal va romandre a Barcelona tota una colla d'anys (de 1887 a 1892, segons resa la placa situada a l'antiga facultat) impartint la càtedra de histologia de la Universitat de Barcelona. Segons alguns autors[110] l'extens coneixement dels processos fotogràfics entre ells la preparació de les emulsions

sensibles i el virats, van ajudar-lo –i molt– a idear el mètode de la *tinció histològica*

–l'acció de tenyir amb color les cèl·lules que es pretenen examinar

microscòpicament– que el permetran assolir anys més tard el premi Nobel [110].

No ens ha de sorprendre que fossin els metges una professió avesada a

la fotografia: objectivitat, fidelitat i veracitat confluïen en un mateixa punt.

Aquest mateix concepte de fidelitat es va traslladar a la fotografia documental

que tot just llavors s'inicià al nostre país. Probablement fou als voltants de

l'Exposició Universal de 1888 (la mateixa Exposició a on el jove Domènech va

tenir la fortuna de rebre els importants encàrrecs del Castell dels Tres Dragons i

l'Hotel Internacional del moll de la fusta) quan molts fotògrafs van arrancar la

seva trajectòria fotogràfica. Pel que sembla, a la Barcelona d'aquell any ja hi

havia comptabilitzats uns 3000 fotògrafs aficionats, cosa que va provocar una

millora dels coneixements que ja tenien els professionals, és a dir, la

popularització els obligà a invertir en material i en coneixements (llums d'estudi,

ambientació, retoc) i també els va obligar a sortir a l'exterior per iniciativa pròpia

o bé per encàrrecs oficials per seguir els passos de les obres. Els fotògrafs amb

---

[110]Veure el treball de MARQUEZ, M.B. *Santiago Ramón y Cajal: algo más que un fotógrafo.* PDF disponible a la xarxa.

[111] Segons sembla Santiago Ramón y Cajal perfeccionà el mètode de tinció cromo-argèntic de l'italià Camillo Golgi aportant la doble impregnació que permetia resultats més ràpids. Amb el perfeccionament d'aquesta tècnica Cajal va arribar a albirar l'arquitectura arborescent de caràcter lliure del sistema nerviós, trencant definitivament la idea de l'anomenat sistema reticular en boga a Europa en aquella època.

més renom d'aquelles acaballes d'època, retratistes de la burgesia barcelonina, van ser Antoni Esplugues (1852-1929), Pau Audart (La Habana 1856 – Barcelona 1918). Segons sembla, per a ells i per molts d'altres els anys entorn de l'Exposició Universal van ser uns anys d'or en el sentit que veien incrementar les comandes de forma exponencial, fruit molt probablement del dinamisme econòmic de l'especulació urbanística associada a aquests grans esdeveniments.

Un altre fotògraf a destacar d'aquells temps va ser Josep Brangulí (1879-1946). Bragulí era fill d'un gravador de boix que es va introduir al fotoperiodisme cap el 1909; justament reflectia els canvis que s'operaven a la ciutat (té fotografies de la construcció de la Via Laietana, un dels elements clau i poc destacats que tenen a veure amb els fets de la Setmana Tràgica). Brangulí fou també testimoni d'actes com la l'homenatge al dramaturg i polític catalanista Àngel Guimerà .

A Catalunya la incorporació de la fotografia en les publicacions periòdiques es va iniciar el 1903 a la nova revista L' Il·lustració Catalana. La majoria del que aportaven les fotografies a les revistes no eren reporters, sinó més aviat retratistes i afeccionats. A poc a poc van anar apareixent els primer foto-reporters, que podríem anomenar, amb honestedat, professionals. Van ser sobretot fotògrafs que van deixar la tranquil·litat de l'estudi per anar buscant el fets que podien ser notícia i per la qual els diaris pagaven uns diners. Un dels

155

primers va ser Frederic Ballell, un interessantíssim fotògraf nascut a Puerto

Rico, fill d'indians, que té en el seu haver un magnífic treball de la Rambla

barcelonina de 1907-1908 i un bon nombre de col·laboracions en revistes com

Feminal, l'Esquella de la Torratxa, L' il·lustració Catalana, La Campana de

Gràcia, *La Hormiga de Oro*, i fins i tot l'ABC de Madrid, on il·lustrava notícies

provinents de Barcelona i Catalunya.

L'afortunada conjunció del desenvolupament de la premsa, juntament

amb el de la fotografia i una naixent societat de masses necessitada

d'informació, va afavorir l'aparició d'un fotògraf diferent a el de l'estil amateur

de Domènech o de l'estil dels germans Napoleó (la nissaga de

fotògrafs/retratistes de la Barcelona de la segona meitat del XIX). De fet, fou en

aquells moment on el fotògraf de premsa cada cop més especialitzat deixant de

ser periodista de redacció. Uns mitjans de comunicació, amb necessitats

d'incorporar documentació gràfica a les seves notícies (en un crescendo que

portarà a les revistes il·lustrades) i una massa social cada cop més influenciada i

influenciable pels gestors de la informació provocaran definitivament una

escissió entre fotògraf amateur i professional que durà, en ambdues tendències,

cap el que coneixerem com a fotografia directa, la *straight photography*. Però això

ja és una altra història.

El que es vol remarcar aquí un cop es veuen de nou les fotografies de Domènech és que es pot dubtar si la fotografia va mai deixar de ser directa en el sentit que les fotos que hem vist són fotografies que difícilment les podríem ubicar com a pictoralistes, barroques o excessivament preparades per considerar-les una burda imitació a una pintura. Més aviat són d'un esteticisme condensat en allò que es simple; s'acosten més al que entenem com a fotografia directa que a les produccions barroques i remembrants dels pictoralistes. Òbviament Domènech no comptava amb càmeres amb processos i sensibilitats més ràpids, però per estètica, per la manera austera de concebre les fotografies, per la temàtica cal atorgar-li si més no la gosadia d'haver treballar el món de la natura i les plantes molts anys abans que qualsevol altre.

VIII. Epíleg.

Com hem pogut veure Domènech realitzà una sèrie de fotografies precioses sobre el món natural. Sabem que ell no els va donar relativa importància, que mai les va agrupar en un conjunt coherent d'estudi perquè les seves energies no estaven concentrades en la fotografia. Per a per ell la fotografia només va ser una eina de recerca, aplicable tant a la seva arquitectura com als seus estudis (com a simple mitjà de catalogació). Ara bé: veient aquestes fotografies que tot just ara tornen a la llum amb els ulls de fotògraf se'ns apareix

157

a dreta llei un Domènech fotògraf cosa que amplia la grandària del personatge.

Es trist aquesta realitat però si avui en dia es pregunta a els joves sobre Lluís Domènech i Montaner tot sovint ens fan una ganyota d'ignorància. Amb prou feines esmentaran el Palau de la Música Catalana. El nom de Domènech esta encara relativa i injustament amagat per l'eixordadora presència d'altres arquitectes modernistes com ara Gaudí. No obstant caldrà tenir-lo cada cop més en compte i com hem vist només en l'àmbit arquitectònic.

Domènech fou un catalitzador, un *mèdium* de corrents juxtaposades i subordinades. El seu esperit humanista i la seva formació clàssica van fer d'ell, i de la seva curiositat per el nou segle, un ariet creador i cercador incansable de noves formes en la creació. A les seves obres em puc remetre. La seva obra fotogràfica de recerca n'és un bon exemple de l'amplitud de mires d'aquest humanista, d'aquesta aspiració d'home total *renaixentista*. Ara bé, Domènech fou terriblement fidel al seu corrent, el Modernisme i no l'abandonà per nous miratges noucentistes. Com diu la dita argentina "no es canvia el cavall enmig de la carrera" ;fins i tot es podria dir que ell ja era massa gran per voler muntar un altre de cavall. El Modernisme ja va ser el seu fidel cavall que el va dur, al galop, sobre la gran planura de la tradició. Amb aquest corrent modern ja podia conformar un espai propi i formar imatges que anaven més enllà del simple espai arquitectònic. Domènech és energia, és estètica, és empenta que forja símbols d'una nació cultural que volia ser nació política que aspirava a compartir el destí que d'altres nacions va assolir mig segle abans.

Desencantat, a la tardor de la seva vida abandonà la més agra que dolça política catalana i posteriorment, sense forces, abandonà també l'arquitectura, delegant gairebé totes les obres al seu fill. Refugiat en un entorn familiar que encara lamentava amargament la mort de la matrona –la dona d'en Domènech i mare de la nissaga– es refugià amb més o menys fortuna en l'erudició històrica i en l'heràldica vora el caliu d'una llar de foc vilatana. Cercava encara construir fites on les generacions poguessin cercar el seu somni més enllà de les boirines de la realitat. *Davant de tot i primer, les obres!! Això és, exercici, exercici, exercici!. La "fe" que correspongui ja s'incorporarà després ella sola!. Esteu segurs d'això!!*

IX.   *Postscriptum:* **un nou món sota l'hègira de la imatge.**

Em plau d'atzar fer, aquí i ara, una petita disgregació ver el futur de la imatge, un debat apassionant sobre el qual de ben segur es parlarà abastament i en el qual si o si ens veurem immersos.

Tal i com hem vist abans Benjamin, tot i no ser cap fotògraf, ja intuí la força i la preeminència de la imatge en un món futur. D'altres contemporanis seus certament no, i aquest no era rotund, tant en el fons com en la forma. Ens referim a Martin Heidegger. De fet l'autor del discurs de la Universitat de

Friburg del 1933 no va incloure, un cop acabada la guerra, a la fotografia dintre

dels *sis llenguatge mundials* –l'anglès, el dolar, les marques mundials, la música

popular, les noticies i l'art abstracte [112]– . No obstant la realitat és bastant

diferent a les prediccions i podem veure com en gairebé amb tant sols 200 anys i

escaig la fotografia, creadora d'imatges ja ni tant sols físiques, esta saturant el

món i "el seu imaginar".

El món globalitzat que tenim ara no és va formar a l'època d'internet.

Tampoc amb la millora de les comunicacions que ja els anys 60 o 70, que ens

permetien esmorzar amb cafè de colombià, mantega holandes, pa alemany i

fruites centreamericanes. El món globalitzat bé de molt més enllà; va començar-

se a formular a finals del segle XV. Pocs saben que el primer globus terraqüi que

es coneix data del mateix any del "descobriment" colombí d'Amèrica[113] . Des de

llavors el món s'ha anat sincronitzant, evidentment amb *décalages* i amb pregones

crisis diguem-ne *maníaques*, com la que estem vivint, crisis que no són res més

que símptomes inevitables dels sistema capitalista, ara en la seva fase

global/digital.

Si els filòsofs traduïen el món en el passat –ja bastant menys en el present–

probablement en un futur siguin els qui interpretin la futura hermenèutica de la

---

[112]ELDEN, S. (ed): *Sloterdijk Now*. Polity press. 2012. Pàg. 171.
[113]BAGROW, L. *History of Cartography: Enlarged Second Edition.* Reimpressió feta per Transaction Publisher. New Brunswick, NJ (USA) Pàg. 106. En aquest llibre es descriu el globus del Consell de Nuremberg i el seu globus terraqüi de Martin Behaim.

imatge els que ens faran la traducció. És possible que els nous intèrprets en siguin els amos, en el sentit que sabran articular el món en el sentit que ell l'imaginin i en creïn les imatges.

El fotògraf –que de ben segur es dirà diferent– serà aquell que farà la interpretació dels aspectes hipermaníacs del nostre món; una tasca que, de fet, ja la fa des dels seus inicis com una mena de terapèutica.

S'ha parlat molt de la futura sincronització de la humanitat en aquest nostres segle XXI. Però els pronòstics que s'han fet no sempre s'han acomplert: mai no deixo de recordar-li a un bon amic alemany que fa més d'una dècada em pregonava vehementment les virtuts de la globalització quan assegurava, patèticament, que aquesta portaria el benestar material i legal als ingent nombre de treballadors fabrils xinesos que elaboraven llavors la major part dels nostres articles més quotidians. És trist copsar-ho però la realitat ens ha dut exactament al contrari: a un concepció xinesa del treball europeu. El món econòmic sense fronteres ens a dut a no tenir un altre manera de fer competitiu un producte que les mesures auto-nihilistes que consisteixen en rebaixant els costos laborals a casa nostra. Això té implícit condemnar a sous miserables i al risc d'accidents mortals a mitja humanitat que fabrica i fabricarà samarretes barates i sabatilles de *running* per tots aquells que volen vèncer el sobrepès físic –o el sobrepès vital–.

Fet i fet els joves de les noves generacions, tant del món del sobrepès com del món del sobre-esforç es veuran cada vegada més sincronitzats i l'element sincronitzador és i serà la imatge. Aquestes imatges ja hi són dons formen el que en podríem dir una mena d'un *comunisme temporal.* Un comunisme que estarà tant ple de imatge com buit de prosa. Darrera d'un *Iphone* no hi ha més ideologia que la d'una empresa californiana que elabora els seus productes a la Xina empès per un *board* directiu que necessita sempre obtenir el màxim benefici pels accionistes de l'empresa.

Davant d'aquest fets, de la imminència real i implacable del capitalisme global no hi deixen d'haver autors preclars, com Josep Fontana, que auguren una tornada a un boirós *món medieval* [114] on la majoria dels ciutadans hauran perdut totalment qualsevol rastre de control de la seva autonomia com a individus en un magma social hiperconnectat. Els mecanisme de pèrdua de control són evidents per a qui els vulgui veure: socialització de la estupidesa en paral·lel a una privatització de l'Estat. De fet s'augura i es sospita que deixarem de pagar impostos per només pagar rebuts cosa que de fet ja fem sobre coses tant elementals i bàsiques com el nostre sostre, l'aigua i l'energia. Un dels molts mecanismes d'aquest trànsit cap a aquest tipus d'esclavatge feudal ja els podem veure des de fa bastant més que dècades: el deute.

---

[114] FONTANA, J. *El futuro es un pais extraño. Una reflexion sobre la crisis social de comienzos del siglo XXI.* Barcelona: Pasado y presente. 2013. Pàg. 18.

En aquest món que ja s'assaja els Estats s'aprimen davant la voraç privatització capitalista. Mecanismes realment perversos de censura socio-ideològica ja es poden advertir en la actualitat: parlem d'una ingent desinformació a través de mecanismes massius que anul·len tot raonament crític i tota acció refractaria davant la privatització global. Ja sabíem gràcies a Lakoff[115] i Kahneman[116] que la nostra presa de decisions diària és pràcticament inconscient –tant com un 98% de totes les possibles decisions–. En un futur aquest trist dos per cent restant sembla que serà de lluny més petit i les imatges seran el cavall de Troia d'aquesta malaguanyada conquesta. La conquesta ja s'està iniciant i la propera batalla, la ja perduda, serà més que probablement el control vertical sobre internet i la pèrdua de qualsevol privacitat en l'àmbit de les comunicacions. Aquesta guerra ja és aquí i té tots els visos de perdre's, i amb ella tota horitzontalitat democràtica real. No s'ha d'oblidar que els mecanismes de control del sistema els exerceixen tots aquells que ens aconsellen – sistemàticament– mesures assenyades. Ni tant sols són les directrius televisades d'un Estat: són senzillament els nostre marit, la nostra dona, els nostres pares, els nostres oncles, els nostres amics i companys de feina.

Sigui com sigui sembla fàcil i plausible visionar un món on la presència

---

[115] LAKOFF, G; WEHLING, E. *The little blue book. The esential guide to thinking and talking democratic*. NY: The Free Press, 2012.
[116] KAHNEMAN, D. *Pensar rápido, pensar despacio*. Barcelona: Debate, 2012.

del text serà menor i el de la imatge major. I en aquest món serà necessari, més que mai, un criteri respecte a la imatge on els individus puguin seleccionar allò que de debò els interessa. *Omnis determinatio est negatio.* També som lliures de fer vaticinis no tant lletjos i tremendistes. Potser en un món tant mediocre en la seva auto-satisfacció eròtica –amb la subseqüent semi-depressió global– la imatge potser restarà també com un vector on els fotògrafs, espècie d'afortunats neuròtics dintre d'una més que lobotomitzada població, indagarà dintre de la seva pròpia creació, cercant dintre del món que els envolta allò que ja hi és dintre seu. Paradoxalment, la imatge potser romandrà com una de les darreres mostres de *vitalitat*: com sinó pensar en l'èxit de *Flick* o d'altres mitjans digitals que més que text transmeten imatge. I és en aquesta vitalitat on es connecta la moderna passió digital de la representació del món amb allò que des de Grècia és deia sobre el *Phaidros*, el benefici de del entusiasme per els homes en general i pels filòsofs en particular. I...què són, *nolen volens*, gran part d'aquells que *cacen* imatges de les ombres de la caverna per explicar-se el possible món de fora? Només poder sortir del món dona una pauta de com és el món i això és el que de fet permet i permetrà la fotografia. Sortir per tornar a entrar, però ja ple de coneixement necessari per sortir de la inèrcia, el dubte o el dogma i, així, reinterpretar-lo. Dintre del verí està també l'antídot. Potser no caldrà invocar al nostre *Nèmesi* per castigar la nostra *Hybris*. Una lectura positiva del futur contemplaria a els distribuïdors i emmagatzemadors de la imatge –cada cop més plurals i conscients de tota la fotohistòria generada– com aquells capaços d'advertir a la humanitat sincronitzada els perill d'accions errònies, d'accions que en els humans tot sovint signifiquen comportaments autòfags, conscients o inconscients [117].

Potser en l'era de la imatge horitzontal sincronitzada s'esdevindrà quelcom diferent a una pervers règim digito-totalitari. Potser s'aconseguirà el que, paradoxalment, sembla que no ha aconseguit l'era del llibre en més de 500 anys: fer-la més sabia. Les imatges són plurals i estan lluny de la unicitat, origen de tota intolerància. A les formes autoritàries mai els ha agradat la pluralitat d'imatges, doncs una imatge mai es només la representació pura d'allò representat, sempre és quelcom més, fent valer el seu propi pes més enllà dels dubtes endògens i exògens entorn a la seva veritat epistemològica. Tot s'haurà de veure per ser vist.

---

[117]Només cal pensar en les edicions periòdiques de certàmens com *VISA pour l'image* o *Fotopress* on s'exposa sovint al públic en una dosi considerable de la violència que ens acompanya diàriament. Hi ha molts punts a tocar respecte a l'atracció que provoquen al gran públic, a saber: les imatges violentes sublimen d'alguna manera el comportament sàdic i procliu a la violència que *ab urbe condita* resideix en l'home en contacte amb la cultura, i que de tant llarg recorregut té en la nostra civilització occidental. D'altra banda l'exposició massiva a la violència, encara que aquesta sigui en dues dimensions i *sense temps* com en una fotografia provoquen dues lògiques no necessàriament antagòniques: lògicament es pot produir una ampliació de l'ombrall de tolerància envers les mateixes imatges violentes, però d'altra banda aquest exercicis experimentals provoquen una progressiva neutralització intra-cultural de la violència.

X. BIBLIOGRAFIA

Passaré ara a fer una relació succinta del material emprat per elaborar aquest treball. L'abast d'aquest assaig no és menor, això ha fet que l'estratègia per citar les obres es faci de la següent manera:

a)   Relació de les obres citades.

b)   Una bibliografia més extensa, on hi ha moltes de les fonts de pensament de les quals brollen molts els pensaments aquí exposats. I finalment,

c)   Una bibliografia extensiva per tots aquells que vulguin expandir la temàtica sobretot en relació a l'obra artística de Domènech i Montaner.

OBRES CITADES A L'ASSAIG

· BAGROW, L. *History of Cartography: Enlarged Second Edition.* Reimpressió feta per Transaction Publisher. New Brunswick, NJ (USA).

· BALCELLS, A.; PUJOL, E. *Història de l'Institut d'Estudis Catalans,* 2002.

· BALAGUER, V. *Historia de Cataluña y de la Corona de Aragón.* III tom. Barcelona: 1860.

· BENJAMIN, W. *La obra de arte en la época de su reproductibilidad técnica* publicat a *Discursos interrumpidos,* BB.AA: Taurus, 1989.

· CAMPOS, J. *Conversaciones con Azorín.* Madrid: Taurus, 1964.

· COLL I ALENTORN, M. *Textos i estudis de Cultura Catalana.* Història/2. Curial, Publicacions de l'abadia de Montserrat, 1992.

· K. CONOLLY, C. *Independence in Europe: Secession, Sovereignty, and the European Union.* 2013.

· CSÁKY, M.; ASTRID KURY, A. I TRAGATSCHNIG, U. (Ed.) *Kultur-Identität-Differenz. Wien und Zentraleuropa in der Moderne* . Innsbruck: Studien Verlag, 2004.

· DA. *Domènech i Montaner any 2000.* Barcelona: COAC, 2000.

· DA. *Lluís Domènech i Montaner en 50è aniversari de la seva mort 1850-1923.* Badalona, 1973.

· DA. *Història Natural dels Països Catalans. Plantes superiors,* volum 6. Barcelona: Ed. Enciclopèdia Catalana, 1988.

· DA. NUMBERG & FEDERNS (ed.) *Minutes of the Phycoanalytic society.* 1962.

· DELOR, R. : *Final del laberint,* 1955. (Article a disponible a la xarxa).

166

· DOMÈNECH I MONTANER, LL. *En busca d'una arquitectura nacional.* Versió en pdf disponible a la xarxa a través de *Dialnet.*
· D'ORS, E. *Genealogia ideal del imperialismo.* Barcelona: Hendrich, 1905.
· ELDEN, S. (ed) *Sloterdijk Now.* Polity press, 2012.
· EVANGELISTA, M. *Law, Ethics, and the War on Terror.* Polity Press, 2008.
· FLUSSER, V. *Towards a philosophy of photography.* Reaction Books. 2000.
· FONTANA, J. *El futuro es un pais extraño. Una reflexion sobre la crisis social de comienzos del siglo XXI.* Barcelona: Pasado y presente, 2013.
· FREUD, S.: *Briefe 1873-1939,* (2 ed.). Frankfurt: 1968.
· GANIVET, A. *Obras completas.* Madrid: Aguilar, 1961. t2.
· GÓMEZ CRUZ, E. *El autoretrato como terápia psicosocial De la cultura Kodak a la imagen en red : una etnografía sobre fotografía digital.*
· F. W. J. HEMMINGS. *Émile Zola.* Oxford University press, 1966.
· HAHNEMAN, D. *Pensar rápido, pensar despacio.* Barcelona: Debate, 2012.
· HOBSBAWM, E. *Naciones y nacionalismo desde 1780.* Barcelona: Libros de Historia, Ed. Crítica, 2012 (de l' edició).
· HOUSTON, J.; WAKATSUKI, J. *Farewell To Manzanar: A True Story of Japanese American Experience During and After the World War II Internment.* Laurel Leaf. Houghton Mifflin CIA, 1973.
· JOHNSTON, W. *The Austrian Mind: An Intellectual and Social History, 1848-1938.* University of California Press, 1983.
· KAGAN, R. *Spain in America: The Origins of Hispanism in the United States,* 2002.
· KAHNEMAN, D. *Pensar rápido, pensar despacio.* Barcelona: Debate, 2012.
· LAKOFF, G; WEHLING, E. *The little blue book. The esential guide to thinking and talking democratic.* NY: The Free Press, 2012.
· LÓPEZ GONZALEZ, G. *Los árboles y arbustos de la península Ibèrica e Islas Baleares.* Tomo II. Mundiprensa, Madrid: 2a, ed., 2006.
· NUMBERG & FEDERNS (ed.) *Minutes of the Phycoanalytic society,* 1962.
· MARX, K. *Articulos periodísticos .* Barcelona, ALBA, 2013.
· MARX, K. *Manifest der Kommunistischen Partei.* 1848.
· MARQUEZ, M.B. *Santiago Ramón y Cajal: algo más que un fotógrafo.* PDF disponible a la xarxa.
· MONLAU, P. F. *Elementos de higiene pública.* Barcelona: 1947.
· OAKOFF, G. ; WEHLING, E. *The little blue book. The esential guide to thinking and talking democratic.* NY: The Free Press, 2012.
· PARELLADA FELIU, D.; BUQUERAS BACH, F. *L'obra psiquiàtrica de Pere Felip Monlau.* Edició en xarxa.
· PÉREZ GONZÁLEZ; M. MATAS CABALLERO, J. *Actas Congreso Internacional sobre Humanismo y Renacimiento,* 1998.
· PHILLIPS, N.; HARDY, C. (ED.) *Discourse Analysis: Investigating Processes of Social*

167

Construction. Sage Publications, 2002.
· ROTHENBURG, T.Y. *Presenting America's World. Strategies of Innocence in National Geographic Magazine, 1888-1945*. NY: Bronx Community College of the City University of New York, USA, 2007.
· RUIZ I CALONJA, J. *Panorama del pensament català contemporani*. Ed. Vicens Vives, 1963.
· SACKS, O. *L'illa dels cecs al color i l'illa de les Cíclades*. Barcelona: Empúries, 2000.
· SCHILLER, F. *Poems of the Third Period*. Gutemberg Project. 2006.
· SELLES I QUINTANA, M. *El foment de Treball Nacional, 1914-1923*. Barcelona: Abadia de Montserrat, 2000.
· SERRA, M. *Dietari del Dr. Marià Serra i Font: Canet de Mar 1880-1926*. Ajuntament de Canet de Mar. 2006.
· SOLOMON-GODEAU, A. Introducció a *Photography at the Dock. Essays on Photographic History, Institutions and Practices*, Minneapolis: University of Minnesota Press, 1991.
· SCOTT, H. & SIMMS, B. (ed.) *Cultures of Power in Europe During the Long Eighteenth Century*. Cambridge University Press, 2007.
· SLOTERDIJK, P. *El celo de Diós*. Siruela, 2011.
· SLOTERDIJK, P. *Sin salvación. Tras las huellas de Heidegger*. Akal, 2011.
· SLOTERDIJK, P. *Has de canviar tu vida*. València: Pre-textos. 2012.
· SOLOMON-GODEAU, A. Introductió a *Photography at the Dock. Essays on Photographic History, Institutions and Practices*. Minneapolis: University of Minnesota Press, 1991.
· SOUGEZ, M.-L. *Historia de la fotografía*. Madrid: Cátedra, Cuadernos Arte Cátedra, 1991.
· STIMSON, B. *The pivot of the world: photography and its nation*. MIT press, 2006.
· STUART, M. *The encyclopedia of herbs and herbalism*. Orbis, 1984.
· TÖNNIES, F. *Gemeinschaft und Gesellschaft*. Leizpig: 1887.
· TRAVERSO, E. *A sangre y fuego: De la guerra civil europea (1914-1945)*. Publicacions de la universitat de València, 2009.
· VIA A. *on son els republicans?* Joventut 6 (1905/14 de setembre).
· WITTGENSTEIN, L. *Tractatus logico-philosophicus*. The Project Gutenberg, 2010.
· WOOD, G.S. *Empire of Liberty: A History of the Early Republic, 1789-1815*. Oxford University Press, 2009.
· YETMAN, D. *The Great Cacti: Ethnobotany & Biografphy* Arizona, EE.UU.: The University of Arizona Press, 2007.
· ZUZUNAGA, M. *Desde el otro lado de las cosas (la fotografía y su realidad)*. Paperback. 2013.

BIBLIOGRAFIA EXTENSIVA

· ABOUT, I. I CHÉROUX, C. *L'histoire par la photographie, Études Photographiques,* n° 10, novembre. París: *Société Française de Photographie,* 2001.
· ADES, D. *fotomontaje* 2002. Barcelona: Gustavo Gili, 2002.
· BAEZA, J. *Por una función crítica de la Fotografía.* Barcelona: Gustavo Gili, 1990.
· BALANDIER, G. *El poder en escenas.* Barcelona: Paidós, 1994.
· BARTHES, R. *La chambre claire. Note sur la photographie.* París: Cahiers du Cinéma, 1980.
· BENJAMIN, W. *Pequeña historia de la fotografía.* En *Sobre la fotografía.* València: Pre-Textos, 2004.
· BOURDIEAU, P. *Un arte medio: ensayo sobre los usos sociales de la fotografía..* Barcelona: Gustavo Gili, 2003.
· BRAUM, E. *Mario Sironi and Italian Modernism. Art and politics under Fascism.* Cambridge University press, 2000.
· CAPA, R. *Ligeramente desenfocado.* Madrid: La Fábrica cop., 2009.
· CATALÀ ROCA, F.: *Impressions d'un fotògraf. Memòries.* Barcelona: Edicions 62, 1995.
· CHEVRIER, J.F.; RIVALTA, J. (dir.) *La fotografía entre las bellas artes y los medios de comunicación.* Barcelona: Gustavo Gili, 2006.
· CHÉROUX, C. *Du bon usage des images.* En: *Mémoire des camps. Photographies des camps de concentration et d'extermination nazis (1933-1999).* París: Marval, 2001.
· DA. (MARIE-LOUP SOUGEZ COORD.) *Historia General de la fotografía.* Madrid: Ediciones Cátedra, 2007.
· DA. *"Antes y después de Magnum"* a *Magnum 50 años de fotografías.* Madrid: Electa, 1993.
· DA. *Laslo Moholy-Nagy: El arte de la luz.* La Fábrica Editorial, 2010.
· DA. (SÁNCHEZ DURA, N. COOR.) *Guerra técnica y fotografía.* València: Universitat de València, 2000.
· DA. (MAINER, J. C. Dir.) *Historia de la literatura española.;* GRACIA, J. ; RÓDENAS, D.: *7. Derrota y restitución de la modernidad. 1939-2010.* Crítica, 2011.
· DÍAZ NOCI, J. *'Nacimiento y recepción del diseño moderno. Las publicaciones en lengua vasca (1921-1936)'.* A *Zer, Revista de Estudios de Comunicación,* n° 4, 1998.
· DIDI-HUBERMAN, G. *Imágenes pese a todo. Memoria visual del Holocausto.* Barcelona: Paidós, 2004.
· EVANS, D. *John Heartfield Arbeiter Illustrierte Zeitung / Volks Illustrierte 1930-1938.* Nova York: Kent, 1992.
· FLUSSER, V. *Arte y Técnica. Vilém Flusser sobre arte, aparatos y funcionarios.* Article publicat a *Artefacto/6 – 2007* - www.revista-artefacto.com.ar
· FLUSSER, V. *Una filosofía de la fotografía.* Núm 5 de *El Espíritu y la letra.* Síntesis, 2001.

169

· FREUND, G. *La fotografía como documento social.* Barcelona: Gustavo Gili, 1976.
· FONCUBERTA, J. *La cámara de Pandora. La fotografi@ después de la fotografía.* Barcelona: Gustavo Gili, 2010.
· FONCUBERTA, J. *Ciencia y fricción. Fotografía, naturaleza, artificio.* Mestizo A.C, 1998.
· FONCUBERTA, J. *El beso de Judas. Fotografía y verdad.* Barcelona: Gustavo Gili, 1997.
· FONCUBERTA, J. (ed) *Fotografía: Crisi de Historia.* Actar, 2002.
· FONTCUBERTA, J. *El beso de Judas. Fotografía y verdad,* Barcelona: Gustavo Gili, 1997.
· FREUND, G. *La fotografía como documento social.* Barcelona: Gustavo Gili, 1976.
· FRIZOT, M. (coord.) *Nouvelle histoire de la photographie.* Larousse, 2001.
· FROMM, E. *La Revolución de la Esperanza.* FCE. México D.F., 1970.
· GIANNONE, F. *Reconstruccione Virtualle della Mostra della Rivoluzione Fascista.* Tesi doctoral de l'*Università di Bolonia, 2009.*
· GERSHEIM, H. *Concise History of Photography.* Peter Smith Pub Inc., 1986.
· GOMBRICH, E. H. *Art and Illusion. A Study in the Psychology of Pictorial Representation.* Nova York: Pantheon Books, 1961.
· GÓMEZ GARCIA, Á. *Dicho sencillamente: Arte y terror.* SD Edicions, 2008.
· GÓMEZ REDONDO, M.J. *El objeto fotografico: la fotografía como representación.*Tesi de doctorat. Direcció: Joaquín Perea González. Madrid: Universidad Complutense de Madrid, 2004. (pdf a eprints.ucm.es/1718/)
· GUBERN, R. *La mirada opulenta. Exploración de la iconosfera contemporánea.* Barcelona: Gustavo Gili, 1987.
· HEARTFIELD, J. *Guerra en la paz. Fotomontajes sobre el período 1930-1938.* Barcelona: Gustavo Gili, 1976.
· HILL,P. COPER, T. *Diálogos con la fotografía.* Barcelona: Gustavo Gili, 1980.
· HUHTAMO ERKKI *On the Origins of the Virtual Museums.* California: University of California, 2002. www.fixxxer.altervista.org/pdf/huhtamo.pdf
· JÜNGER, E. *Sobre el dolor.* Barcelona: Tusquets, 1995.
· JÜNGER, E. *Pasados los setenta I.* Barcelona: Tusquets, 2006.
· KRACAUER, S. *La fotografía y otros ensayos. El ornamento de la masa I.* Barcelona: Gedisa, 2008.
· KRIEBEL, S. *Manufacturing Discontent: John Heartfield's Mass Medium.* (cora.ucc.ie/bitstream/10468/215/1/Kriebel_HeartieldSuture.pdf)
· LÉCUYER, R. *Histoire de la photographie.The Sources of modern photography.* Arno Press, 1979.
· LÉMAGNY, J.C.; ROUILLÉ, A. : *A History of photography: social and cultural perspectives.* Cambridge University Press, 1987

· LEO, V. *The Mushroom Cloud Photograph: From a Fact to a Symbol*, Afterimage, nº 13. 1985. Rochester (Nova York). Visual Studies Workshop, 1985.

· LÓPEZ RASO, P. *100 estrategias de escenificación en el fotoperiodismo de agencia.* (Pdf a *e-archivo.uc3m.es/bitstream/10016/8921/1/cien_lopez_ICT_2002.pdf*)

· VALDIVIESO, M. *Lucía Moholy: la fotógrafa de la Bauhaus.* Universitat de Lleida. (www.ucm.es/BUCM/revistas/bba/11315598/.../ARTS9898110213A.PDF)

· MORELLI, A. *Principios elementales de la propaganda de Guerra.* Brussel·les: CEC, 2001.

· MOHOLY-NAGY, L. *Pintura, fotografia i cine i altres escrits.* Barcelona: Gustavo Gili, 2005.

· NEWHALL, B. *Historia de la fotografía.* Barcelona, Gustavo Gili, 2002.

· NICHOLS, B. *La Representación de la Realidad.* Barcelona: Paidós, 1999.

· PIERCE, C. S. *La ciencia de la semiótica.* Buenos Aires: Nueva Visión. 1974.

· POLLACK, P. *The picture history of photography: from the earliest beginnings to the present day.* Michigan. H. N. Abrams, 1969.

· PONSONBY, A. *Falsehood in War-Time: Containing an Assortment of Lies Circulated Throughout the Nations During the Great War.* Nova York: E. P. Dutton, 1929.

· ROSLER, M. *Imágenes públicas. La función política de la imagen.* Barcelona: Gustavo Gili, 2007.

· SINCLAIR, U. *The Brass check: a study of American journalism.* University of Illinois, 2003.

· SLOTERDIJK, P. *Temblores de aire. En las fuentes del terror.* València: Pre-Textos, 2003.

· SONTAG, S. *Sobre la fotografía.* Barcelona: Edhasa, 1979.

· SONTAG, S. *Ante el dolor de los demás.* Madrid: Alfaguara, 2003.

· SONTAG, S. *Las imagenes de la Infamia.* Suplemento Domingo del *El País*, 30 de Maig de 2004.

· SOUGEZ, M.L. *Historia general de la fotografía.* Cátedra, 2007.

· SOUGEZ, M.L. PÉREZ GALLARDO, H.: *Diccionario de historia de la fotografía.* Madrid: Ediciones Cátedra, 2003.

· SOUSA, J. P. *Historia de la crítica del fotoperiodismo occidental.* Sevilla: Comunicación Social, 1977.

· STIMSON, B. *El eje del mundo. Fotografía y nación.* Barcelona: Gustavo Gili, Col. Fotografía, 2009.

· STONE, M. *The anatomy of a propaganda event: the mostra della rivoluzione fascista.* Princeton University, 1992.

· SZARKOWSKY, J. *The photographer's eye.* New York: Museum of Modern Art, 2007

· TIMOTEO, J. *Historia y modelos de la comunicación en el siglo XX. El nuevo orden informativo.* Barcelona: Ariel, 1992.

· VIGNEAU, A. *Encyclopédie photographique de l'art: The Photographic encyclopaedia of art, Volumen 3.* Éditions "Tel". 1938.
· ZUZUNAGA, M. *Instantaneidad y proximidad en la obra de André Kertész.* Tesi Doctoral, Facultat de belles arts, Barcelona: Universitat de Barcelona, 2004-2005.
· ZWEIG, S.: The world of yesterday: an autobyography. Hesperides press, 2000.

BIBLIOGRAFIA SOBRE DOMÈNECH I MONTANER O ALGUNS ASPECTES CONCRETS DEL PERSONATGE I/O L'OBRA

· ARNÚS, M. DEL MAR *Comillas preludio de la modernidad,* Madrid, Sociedad editorial Electa España, 1999.
· AINAUD DE LASARTE, J.M. *Domènech i Montaner. L'home.* A: *Lluís Domènech i Montaner en el 50è aniversari de la seva mort.* Barcelona; Lluís Carulla i Canals, 1973.
· BANCELLS, C. *Sant Pau. Hospital modernista.,* Barcelona, Nou Art Thor, 1988.
· BASSEGODA I NONELL, J. *Doménech i Montaner/ Joan Bassegoda i Nonell.* Barcelona: Nou Art Thor, 1980.
· BOHIGAS, O. *Reseña y catálogo de l'Arquitectura Modernista* (en castellà). Lumen, 1968.
· BOHIGAS, O. *Lluís Domènech i Montaner, arquitecte modernista.* A: *Lluís Domènech i Montaner en el 50è. Aniversari de la seva mort* Barcelona: Lluís Carulla i Canals, 1973.
· BORRAS, M. Ll. *Domènech i Montaner arquitecto del Modernismo = Domènech i Montaner an Art Nouveau architect = Domènech i Montaner architecte du Modern Style = Domènech i Montaner architekt des Jugendstil / [texto y fotos: Maria Lluïsa Borràs ; selección y secuencia: Joan Prats Vallès].* Barcelona: Polígrafa, 1971.
· CASANOVA, R. *La Casa María Montaner de Lluís Domènech i Montaner.* A: *Arquitectura y Modernismo. Del historicismo a la modernidad.* Granada: Universidad de Granada, 2001.
· CASANOVA, R. *Els referents estilístics de Lluís Domènech i Montaner i les seves confluències al Museu d'Història. Una aproximació.* A: *Materia, núm.1,* 2001.
· CASANOVA, R. *Domènech i Montaner. Any 2000, Cafè-Resataurant,* Barcelona, Col·legi d'Arquitectes de Catalunya, 2000.
· CASANOVA, R. *El castell dels tres dragons. De cafè-restaurant a Museu de Zoologia (1887-2000).* Barcelona, Universitat de Barcelona, Tesi doctoral inèdita, octubre 2000.
· COLL I ALENTORN, M. *Història.* L'Abadia de Montserrat, 1992.
· COTONER CERDO, L. *La biblioteca "Arte i Letras", primera aproximación.* A: *Quaderns. Revista de traducció núm.8,* 2002.
· DA *Lluís Domènech i Montaner: Viatges per l'arquitectura romànica.* Barcelona:

Col·legi d'Arquitectes de Catalunya, 2006.

· DA *Luís Doménech y Montaner*. Barcelona: Colegio Oficial de Arquitectos de Cataluña y Balerares.1963.

· DA Canet *de Mar Història i arquitectura. El patrimoni catalogat*. Col·lecció estudis de patrimoni. Ajuntament de Canet de Mar/Centre d'estudis canetencs/Ed. Els dos pins. Desembre 2009.

· DA *La Casa Museu Domènech i Montarner i les seves col·leccions d'art / Rossend Casanova ... [et al.]*. Canet de Mar: Ajuntament de Canet de Mar. Casa Museu Domènech i Montaner, 2011.

· DA *El Palau de la Música Catalana de Lluís Domènech i Montaner*. Barcelona: Fundació Orfeó Català./Palau de la Música/Lunwerg/UPC (cop.), 2000.

· DA *Lluís Domènech i Montaner en el 50è aniversari de la seva mort : 1850-1923*. Barcelona: Carulla i Canals [etc.], 1973.

· DA. *Ruta del Modernisme: Lluís Domènech i Montaner*. Barcelona: Institut del Paisatge Urbà i la Qualitat de vida : Ajuntament de Barcelona/Mediterrània. 2000.

· DA.: La vinculació canetenca de Domènech i Montaner. Canet de Mar: Ajuntament de Canet de Mar, 1995.

· DOMÈNECH I GIRBAU, LL. *Lluís Domènech i Montaner*. Polígrafa, 1994.

· DOMÈNECH I GIRBAU, LL. *Domènech i Montaner : aprendre d'una arquitectura*. Barcelona : Edicions UPC (Col,. Aula d'arquitectura), 1998.

· DOMÈNECH I GIRBAU, LL. *Lluís Domènech i Montaner i el director d'orquestra*. Barcelona: Ed. Fundació La Caixa, 1989.

· FREIXA, M. *Domènech i Montaner. Any 2000, "El projecte per a l'edifici de les institucions provincials d'ensenyament. Lluís Domènech i Montaner i Josep Vilaseca i Casanovas en els primers anys de professió"*. Barcelona, Col·legi d'Arquitectes de Catalunya, 2000.

· DOMÈNECH I ROURA, P. *El Castillo de Santa Florentina*. A: *Pedracastell, noviembre 1948*. p.1-2.

· FALGÀS, J. *El Palau de la Música Catalana / introduction, Robert Hughes ; edition, Jordi Falgàs ; photographies, Ricard Pla, Pere Vivas*. Barcelona : Triangle Postals, 2009.

· FIGUERAS, A.; Cusidó, J. *El Nacionalisme de l'art : de Domènech i Montaner a Aragay / edició a cura d'Abel Figueres i Joan Cusidó. (*Inclou dos articles de Domènech i Montaner i un de Josep Aragay). Barcelona : Llibres de l'Índex, 2004.

· FIGUERAS, L. *Lluís Domènech i Montaner*. Barcelona: Belloch: Santa & Cole, DL. 2007.

· GARCIA MARTÍN, M. *Comillas modernista*, Barcelona, Catalana de Gas, 1993.

· GARCIA MARTÍN, M. *La Casa Lleó Morera*, Barcelona, Catalana de Gas y

Electricidad, 1988.

· GABARRELL I GUIU, F.(co) Antoni Samarra i Tuges (1886-1994). Lleida: Ajuntament de Pons/Museu d'Art Jaume Morera, 2004.
· GARCIA-MARTÍN, M. *La Casa Lleó Morera*. Barcelona: Catalana de Gas, 1988.
· GRANELL, E. *Lluís Domènech i Montaner: viatges per l'arquitectura romànica. Viajes por la arquitectura romànica. Travells arround romanesque architecture.* Barcelona: Col·legi d'arquitectes de Catalunya, DL., 2006.
· JULIÁ CAPMANY, A. *D. Luis Doménech Muntaner.* A: *Pedracastell,* núm.25, juny 1948.
· MORIEDA, Y. *L'home que no va ser Gaudí.* Tokio: Arai, 1990. (Text en japonès, títol traduït al català).
· PUIG I CADAFALCH, J. *Don Lluís Domènech i Montaner, 30-XII-1902. Hipania,* número 93.
· SÀIZ I XIQUÉS, C. *Lluís Domènech i Montaner 1849-1923: Lluís Domènech i Montaner 1849-1923: el llegat arquitectònic, polític i cultural a Canet de Mar.* Canet de Mar: Edicions els 2 pins, 2008.

ARTICLES

· CASANOVA, R. *Lluís Domènech i Montaner, a la recerca de la ceràmica moderna.* Millar: espai i història. Any 2022, vol. 25.
· SÀIZ I XIQUÉS, C. *L'empremta Modernista de Lluís Domènech i Montaner a Canet de Mar.* El Sot de l'Aubó, Núm. 21 setembre 2007 : pàgines 3-19.
· SÀIZ I XIQUÉS, C. *El mausoleu de Jaume I. Una obra «oblidada» de Lluís Domènech i Montaner.* El Sot de l'Aubó, Núm. 28 juny 2009 : pàgines 19-23.
· SÀIZ I XIQUÉS, C. *L'antiga farmàcia Duran i España de Barcelona: una obra desconeguda de Lluís Domènech i Montaner.* El Sot de l'Aubó, Núm. 29 setembre 2009 : pàgines 13-18.
· SÀIZ I XIQUÉS, C. *Casa Roura-Casa Agustí. Canet de Mar, 1892-Badalona, 1893. La continuïtat estilística del Castell dels Tres Dragons de Barcelona.* El Sot de l'Aubó, Núm. 31 març 2010. pàgines 10-16.
· SÀIZ I XIQUÉS, C. *El colmado de embutidos Torra i San de Barcelona. Un altre projecte desconegut de Lluís Domènech i Montaner .* El Sot de l'Aubó, Núm. 32 juny 2010 : pàgines 18-21.
· SÀIZ I XIQUÉS, C. *Una obra pionera del modernisme català.* L'Ateneu de Canet de Mar, de Lluís Domènech i Montaner. El Sot de l'Aubó, Núm. 33 setembre 2010 .

XI. ANNEXES

NÚMERO CM	OBSERVACION s?	DESCRIPCIÓ	MUTILADA	TRENCADA	MIDES	SIGNATURES ANTIGUES	SIGNATURA TOPOGRÀFICA	NÚM COL·LECCIO
316		Pasatge amb pati i nu. Lloc?/ Data?	x		18x 24	Núm. 59	Caixa 01- 01	LDM001
317		Planta natural			18x 24	núm. 46 (vermell)/ 45	Caixa 01- 02	LDM002
318		Capella. Panteó de Marques de Capilla-Interior			18x 24	núm. 32 (vermell)/ 36	Caixa 01- 03	LDM003
319		Planta natural	x		18x 24	núm. 54 (vermell)/ 53	Caixa 01- 04	LDM004
320		Planta natural	x		18x 24	núm. 50 (vermell)/ 49	Caixa 01- 05	LDM005
321		Planta natural			18x 24	núm. 52 (vermell)/ 51	Caixa 01- 06	LDM006

175

	Descripció	Observació	x	Mida	Núm.	Caixa	Codi
322	Porta església pública. Comillas.			18x 24	núm. 43 (vermell)/ 29	Caixa 01- 07	LDM007
323	Vista interior Església. Panteó ... Comillas. Masmia de		x	18x 24	núm. 34 (vermell)/ 35	Caixa 01- 08	LDM008
324	Vista general del Panteó Marquès de ... Comillas		x	18x 24	núm. 10 (vermell)/ 37	Caixa 01- 09	LDM009
325	Escut mosaic amb dibuix faunístic.	Màscara per la part de l'emulsió.		18x 24	núm. 61 (vermell)/ 26	Caixa 01- 10	LDM010
326	Planta natural			18x 24	núm. 55 (vermell)/ 54	Caixa 01- 11	LDM011
327	Planta natural			18x 24	núm. 49 (vermell)/ 48	Caixa 01- 12	LDM012
328	Capitell		x	18x 24	núm. 29 (vermell)/ 29	Caixa 01- 13	LDM013

176

Núm.	Descripció	Estat	Format	Núm.	Caixa	LDM
329	Planta natural		18x 24	núm. 44 (vermell)/ 43	Caixa 01- 14	LDM014
NO	Planta natural		18x 24	núm. 53 (vermell)/ 52	Caixa 01- 15	LDM015
331	Planta natural	Emulsió en mal estat.	18x 24	núm. 51 (vermell)/ 50	Caixa 02- 01	LDM016
332	Planta natural, sobre cercle	Emulsió en mal estat.	18x 24	núm. 47 (vermell)/ 46	Caixa 02- 02	LDM017
333	Vista habitatge Comillas	Emulsió en mal estat.	18x 24	núm. 57 (vermell)/ 15	Caixa 02- 03	LDM018
334	Vista interior. Hall Palau Marquès de (Comillas)	Emulsió en mal estat.	18x 24	núm. 11 (vermell)/ 34	Caixa 02- 04	LDM019
335	Vista Palacio Sobrellano (Comillas)	Emulsió en mal	18x 24	núm. 58 (vermell)/ 31	Caixa 02- 05	LDM020

336	Emulsió en mal estat.	El Capricho (Comillas)			18x 24	núm. 38 (vermell)/	17	Caixa 02- 06	LDM021
337	Emulsió en mal estat.	Vista palacio Sobrellano. Comillas			18x 24	núm. 59 (vermell)/	32	Caixa 02- 07	LDM022
338	Emulsió en mal estat.	Palau Montaner (obres). Casa de Comillas (??)			18x 24	núm. 28 (vermell)/	5	Caixa 02- 08	LDM023
339	Emulsió en mal estat. Etiqueta a la part de l'emulsió	Casa de Comillas	x		18x 24			Caixa 02- 09	LDM024
340	Emulsió en mal estat.	Capitell	x		18x 24	núm. 68 (vermell)/	11	Caixa 02- 10	LDM025
341	Emulsió en mal estat.	Element floral	x		18x 24	núm. 3 (vermell)/	57	Caixa 02- 11	LDM026
342	Emulsió en mal estat.	Palau Montaner (obres).			18x 24	núm. 62 (vermell)/	6	Caixa 02- 12	LDM027

178

Núm.	Descripció	x	Estat	Format	Núm. (vermell)	Caixa	Ref.
343	Planta natural		Emulsió en mal estat.	18x 24	núm. 45(vermell)/ 44	Caixa 02- 13	LDM028
344	Planta natural		Emulsió en mal estat.	18x 24	núm. 56 (vermell)/ 55	Caixa 02- 14	LDM029
345	Planta natural		Emulsió en mal estat.	18x 24	núm. 48 (vermell)/ 47	Caixa 02- 15	LDM030
346	Arbres		Emulsió en mal estat.	18x 24	núm. 27 (vermell)/ 58	Caixa 02- 16	LDM031
347	Capitell estat. Restes de piques (restes)	x	Emulsió en mal estat.	18x 24	núm. 64 (vermell)/ 10	Caixa 02- 17	LDM032
NO	Vista general ciutat de Barcelona estat. Fragment de		Emulsió en mal estat.	18x 24	núm. 12 (vermell)	Caixa 02- 18	LDM033
349	Vista conjunt arquitectònic Comillas		Emulsió en mal estat.	18x 24	núm. 40 (vermell)/ 18	Caixa 02- 19	LDM034

Núm.	Observacions	Descripció	Mida	Referència	Caixa	Signatura
350	Emulsió en mal estat.	Signatura autògrafa de Lluís Domènech i Montaner	13x18	núm. 24 (vermell)/ 41	Caixa 03- 01	LDM035
351		Cap de Lleó d'Arturo Mélida (1878), El model de Caius està a la ...	13x18	núm. 65 (vermell)/ 4	Caixa 03- 02	LDM036
352		Col·lecció de soldadets.	13x18	núm. 23 (vermell)/ 67	Caixa 03- 03	LDM037
353		Dones en el jardí.	13x18	núm. 6 (vermell)/ 64	Caixa 03- 04	LDM038
354	Emulsió en mal estat.	Col·lecció de soldadets.	13x18	núm. 22 (vermell)/ 66	Caixa 03- 05	LDM039
355		Planta natural	13x18	núm. 70 (vermell)/ 42	Caixa 03- 06	LDM040
356		Niu	13x18	núm. 25 (vermell)/ 38	Caixa 03- 07	LDM041

Artbres

Núm.	Descripció		Observacions	Dimensions	Núm.	Caixa	LDM
357	Dos obrers.	x		13x18	núm. 14 (vermell)/ 69	Caixa 03-08	LDM042
358	Flor arrancada amb arrel.			13x18	núm. 15 (vermell)/ 39	Caixa 03-09	LDM043
359	Element floral			13x18	núm. 18 (vermell)/ 40	Caixa 03-10	LDM044
360	Noia i dona ('Tia i Neboda?)			13x18	núm. 13 (vermell)/ 65	Caixa 03-11	LDM045
361	Dos obrers.			13x18	núm. 7 (vermell)/ 68	Caixa 03-12	LDM046
362	Palau Sobrellano. Comillas. Façana	x	S'ha retirat el celo que havia al suport	18x24	núm. 33	Caixa 05-01	LDM047
363	Flors (Flor de cactus)	x	S'ha retirat el celo que havia al suport	18x24	núm. 56	Caixa 05-02	LDM048

181

Núm.	Observacions	Descripció			Mida	Núm. negatiu	Caixa	Codi
364	S'ha retirat el cdo que havia al suport i a installar- la amb les... família	Comillas. Relleu lleons rampants del monument a Antonio...	x	x	18x 24	núm. 16	Caixa 05- 03	LDM049
365	Com que està molt mutilada hem optat per optar per instal·lar- la amb les...	Vista general poble Comillas.	x	x	18x 24	núm. 8 (vermell)/ 14	Caixa 05- 04	LDM050
366	Com que està molt mutilada hem optat per instal·lar- la amb les havia al suport i a família	Vista general Seminari Comillas (Comillas)	x	x	18x 24	núm. 5 (vermell)/ 24	Caixa 05- 05	LDM051
367	S'ha retirat el cdo que havia al suport i a	Palau Sobrellano (Comillas)		x	18x 24	núm. 39 (vermell)/ 30	Caixa 05- 06	LDM052
368		Façana exterior d'un pavelló de arquitectònic.	x		9x 12	núm. 1 (vermell)	Caixa 04- 01	LDM053
369		Plànol			9x 12	núm. 2 (vermell)	Caixa 04- 02	LDM054

Codi	Caixa	núm.	Dimensions		Descripció	Observacions	núm.
LDM055	Caixa 04- 03	núm. 4 (vermell)/ 3	9x 12		Plànol arquitectònic.	L'a positiva. Vidre protector	370
LDM056	Caixa 04- 04	núm. 69 (vermell)/ 60	9x 12		Nau (dibuix)	Sense identificar. Publicada	371
LDM057	Caixa 03-13		13x 18		Grup familiar.		NO
LDM058	Caixa 03-14		13x 18		Retrat familiar (fills/filles?) en un	Emulsió aixecada	NO
LDM059	Caixa 05-07	núm. 61	13x 18	x	Retrat de 4 dones i una nena	Sense identificar. Publicada	NO
LDM060	Caixa 03-15		13 x 18	x	Retrat familiar (fills/filles?) en un Seminari	Sense identificar.	NO
LDM061	Caixa 05-08	núm. 23	18x 24	x	Pati Claustre del de	Mutilada i trencada	NO

NO	Emulsió alterada	Revestiment ceràmic de Església Semin...			18x 24		Caixa 01-16	LDM062
NO	Emulsió alterada. Mutilada	Revestiment ceràmic de Església Semin...		x	18x 24	núm 27	Caixa 01-17	LDM063
NO	1889. Abans de reforma de Remò...	Entrada al del Seminari de Comilla			18x 24		Caixa 01-18	LDM064
NO		Revestiment porta de Seminari de Comilla			18x 24		Caixa 01-19	LDM065
NO	1889. Abans de reforma de Publicada	Vista general poble de Comillas i Pau...			18x 24	núm. 3	Caixa 01-20	LDM066
NO		Castell dels Tres Dragons. Interior. Pau...			18x 24		Caixa 01-21	LDM067
NO		Palau Montaner (obres).			18x 24		Caixa 01-22	LDM068

184

LDM069	Caixa 05-09	36	18x24	x	Monument al Marquès de Comillas	Molt trencada. Sense tractar	NO
LDM070	Caixa 05-10	Número 13	18x24		x	Plànol arquitectònic. Reforma de...	Mutilada i emulsió en mal estat	NO
LDM071	Caixa 03-16		13 x 18			Composició amb planta, guitarra i... Es veuen...	Emulsió en mal estat	NO

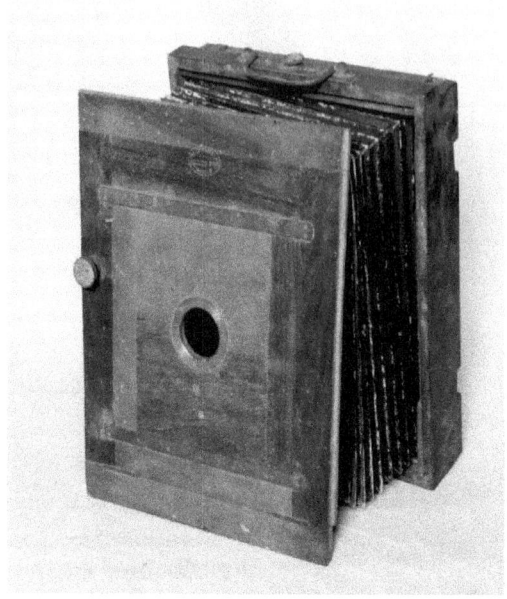

Davant nostre una de les càmeres amb les que Lluís Domènech va fer les

fotografies de les plantes. Es tracta d'una càmera de fabricació francesa Gilles et

Frères, situada com poden veure a la *Rue de Fromentin* de Paris. Actualment es

troba a l'habitació dels mals endreços de la Casa-museu Lluís Domènech i

Montaner de Canet de Mar.

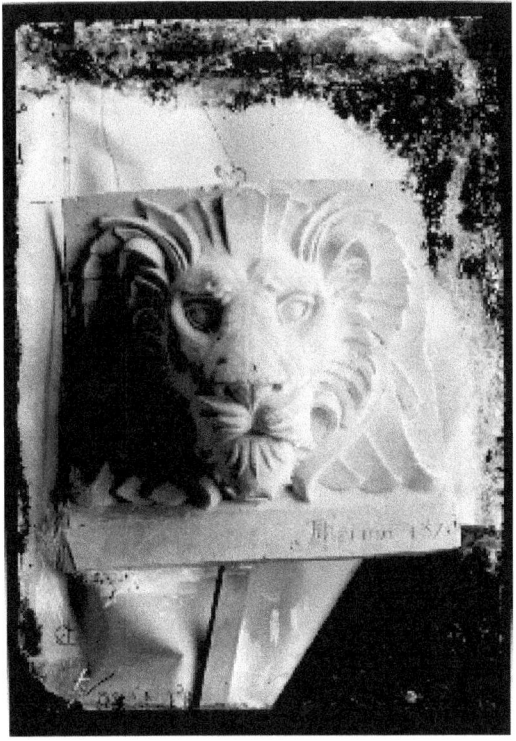

A la fotografia es poden veure una sèrie de coses, la primera que el tema és un

model de guix d'un lleó fet per Arturo Mélida, que actualment esta a la Casa-

museu Lluís Domènech i Montaner, en segon lloc es pot veure una data, 1878

que gairebé amb tota probabilitat és la data de la fotografia; en tercer lloc podem

veure el logotip de Domènech i Montaner a la banda esquerra de la imatge, un acrònim format per una D i una L que poden veure en la propera imatge, una ampliació d'aquesta.

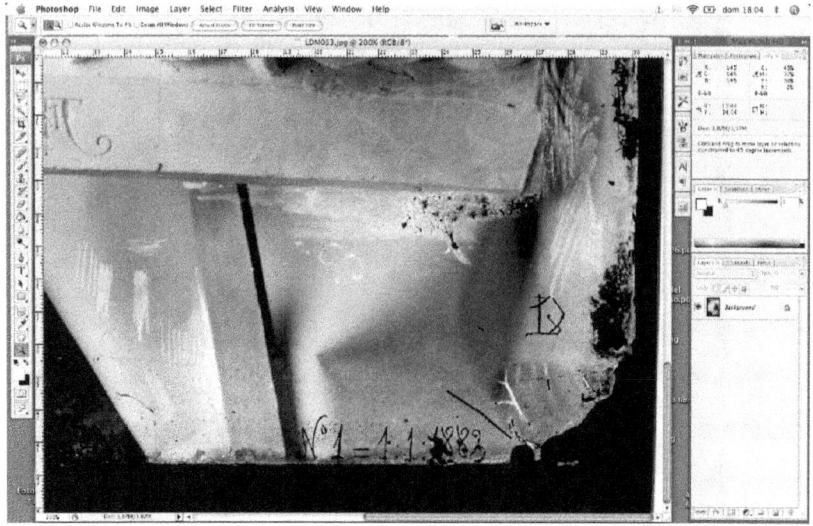

En aquesta ampliació, a la banda dreta doncs ara hem col·locat en posició la fotografia, poden veure l'acrònim de l'autor escrit pel mateix Domènech, format per la D i la L. A banda d'això veiem el que sembla una data, l'u de gener de 1883, cinc anys més tard de la data que hi ha impresa al guix del cap de lleó, 1878.

ANNEX IIII ·

En aquest annex s'inclouen les 71 fotografies trobades a la Casa-museu

i ara dipositades a l'AMCDM.

Cal dir que les fotografies que es presenten ara són pràcticament el primer cop

que es donen a conèixer i entre elles estan les nostres plantes del qual hem fet

un compendi i hem mirat de trobar-les un sentit com a generadores de formes

aplicades a l'arquitectura. L'ordre de les fotografies és el que a hores d'ara tenen

dintre de l'Arxiu Municipal i no cal dir que és un ordre aleatori creat *ex profeso*

per començar a catalogar les plaques. L'ordre de les fotografies i la seva posició

doncs no tenen cap sentit concret; és un simple fruit de l'atzar.

S'ha cregut convenient compartir-les ara per veure l'amplitud temàtica de

Domènech en la seva fotografia, una temàtica que va des de l'estudi formal de

les plantes a l'estudi del romànic català, passant per fugisseres fotografies

familiars i fotografies rutinàries del desenvolupament dels seus projectes

arquitectònics. Els recordem que si volen veure que són les fotografies la

informació la tenen a l'annex número I, corresponent al llistat fet per l'Arxiu

Municipal de Canet de Mar i que corresponen a aquestes mateixes fotografies.

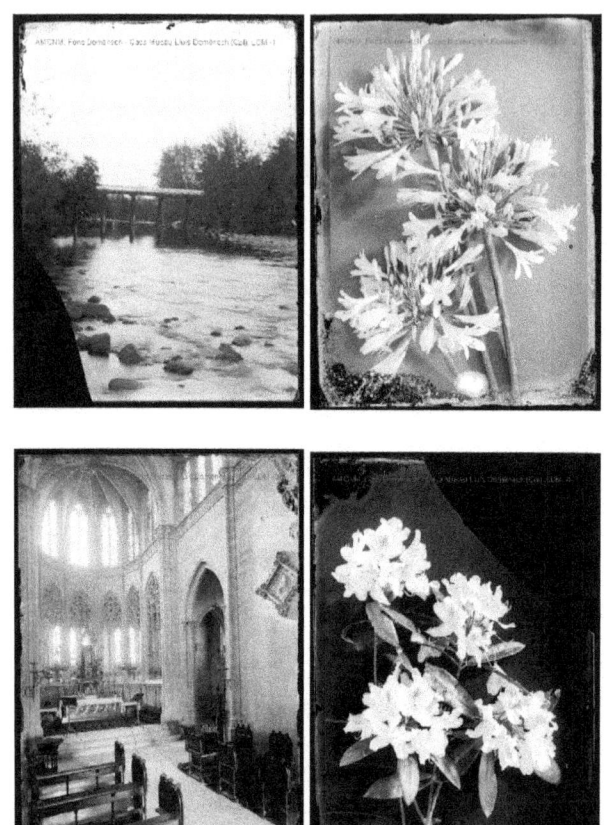

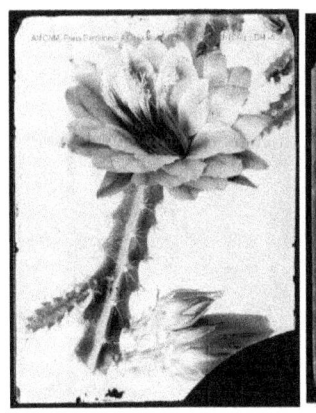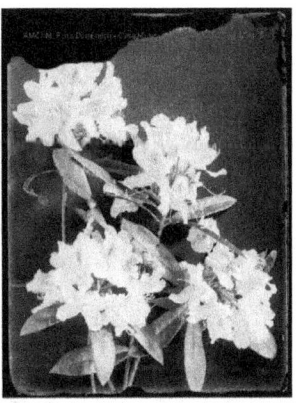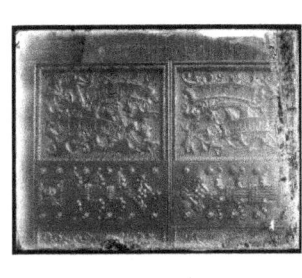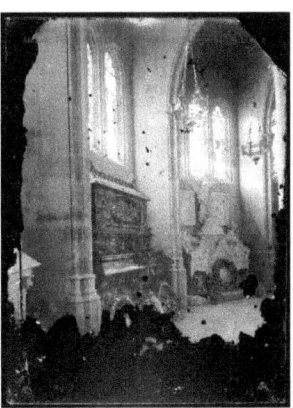

191

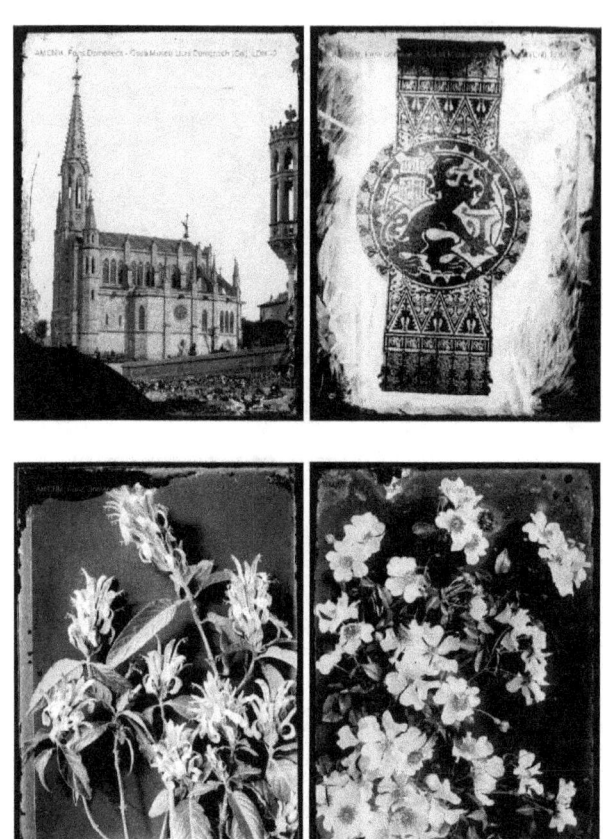

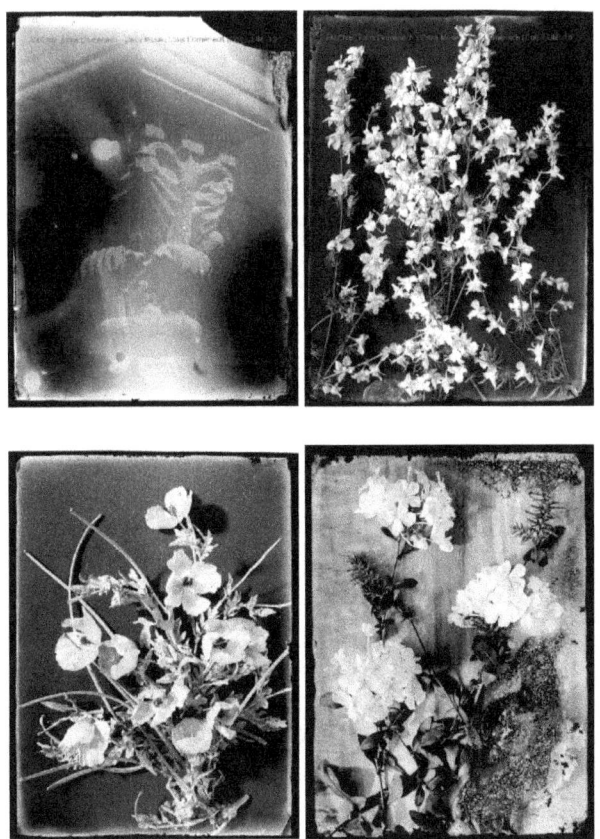

193

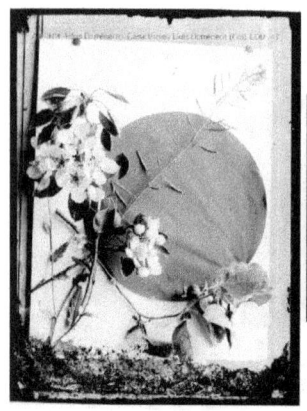

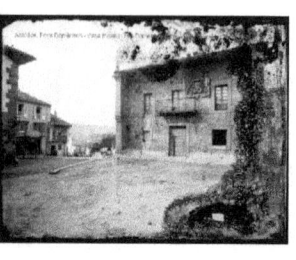

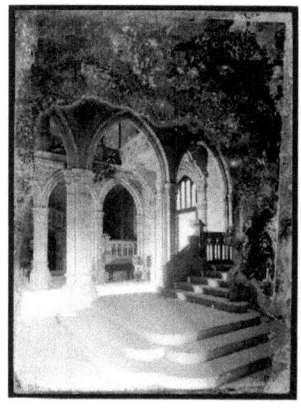

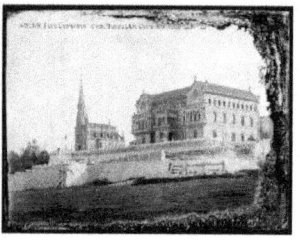

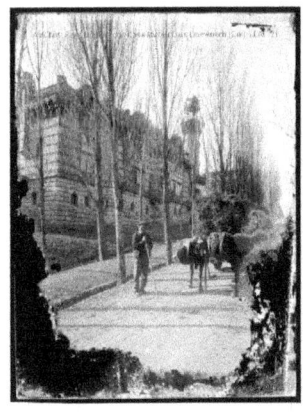
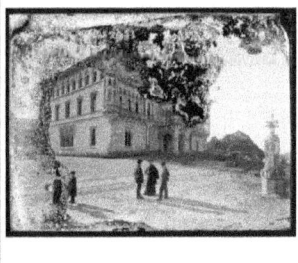
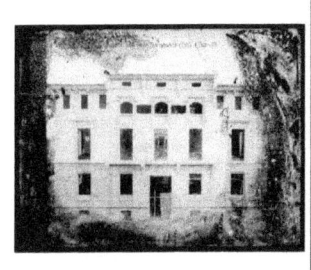
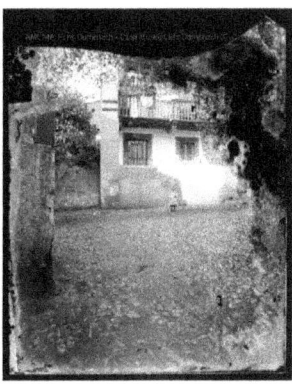

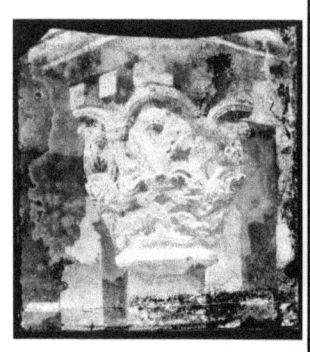 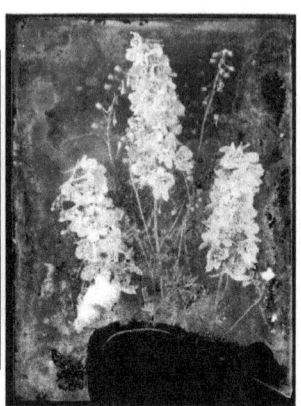

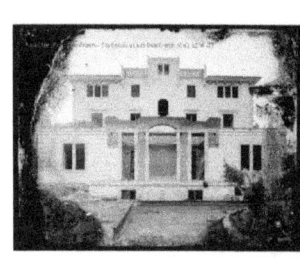 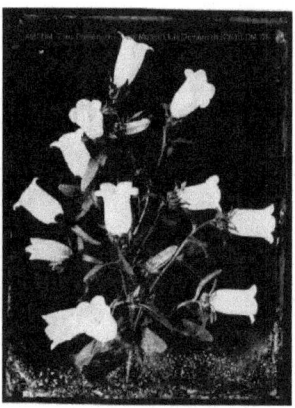

196

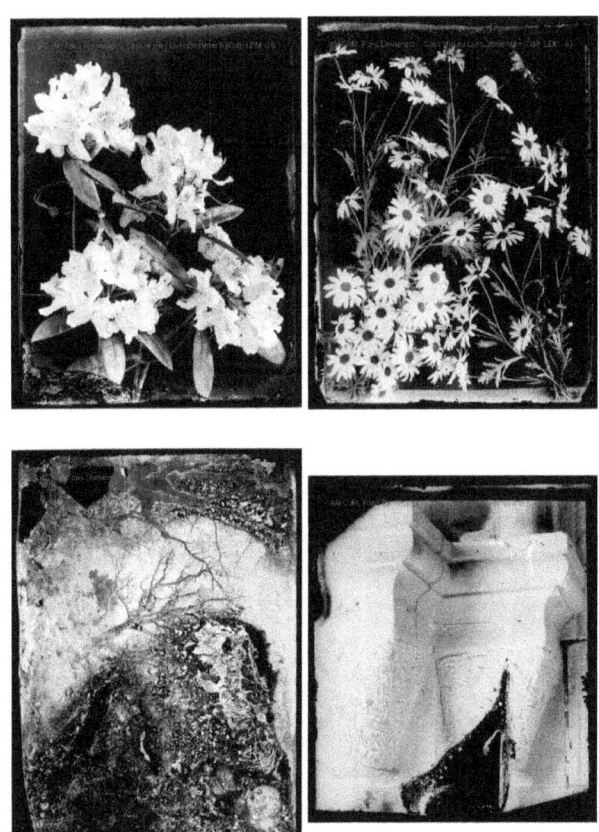

197

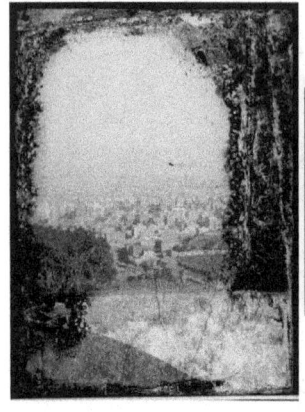
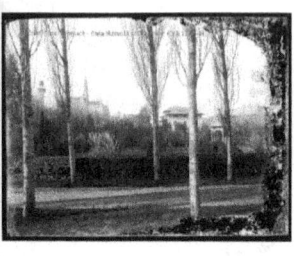
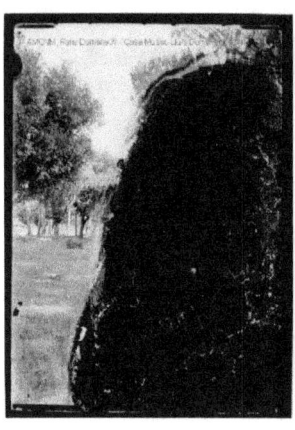
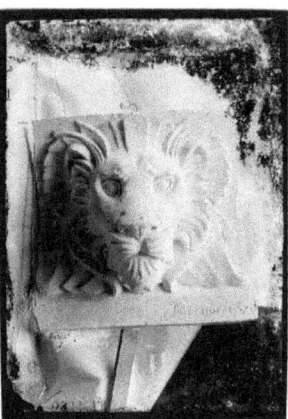

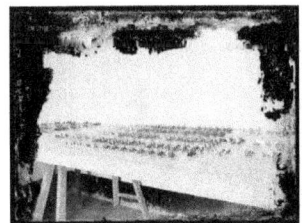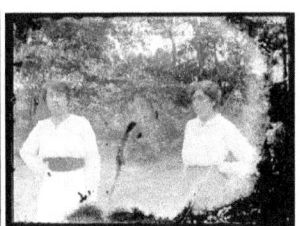

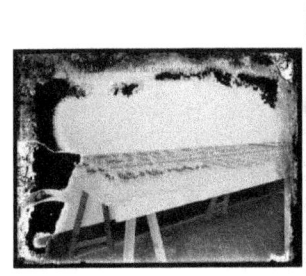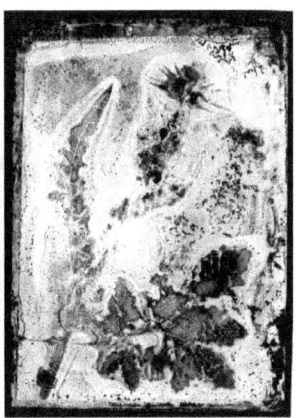

199

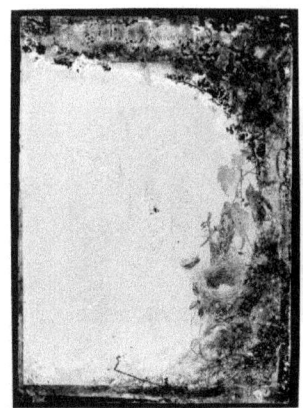
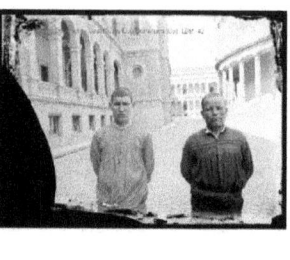
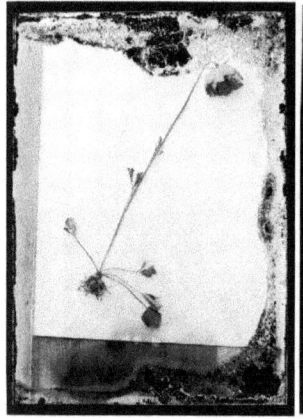
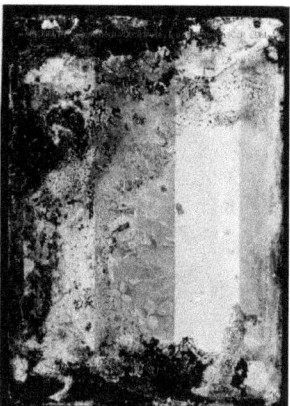

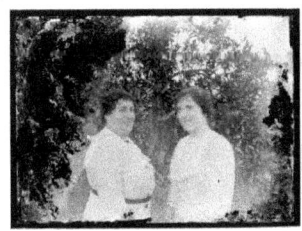 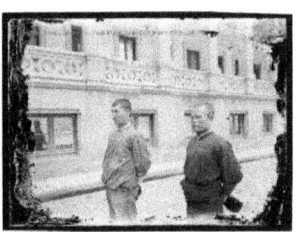

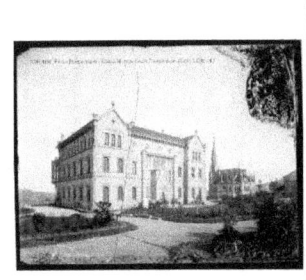 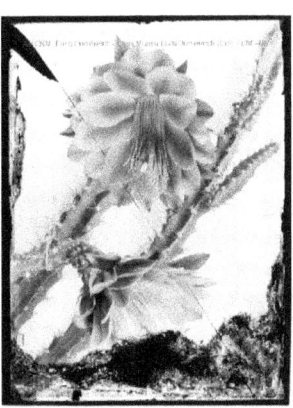

201

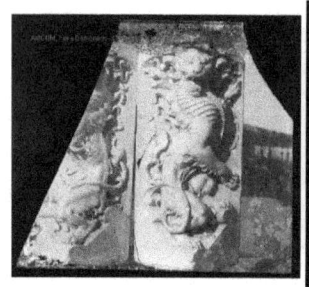 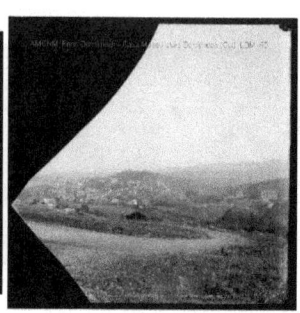

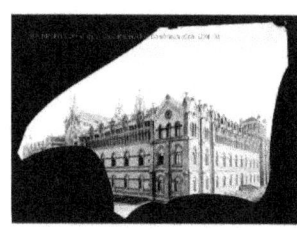 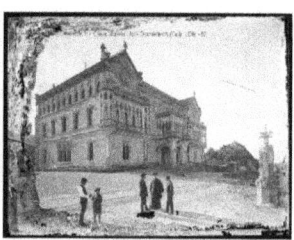

202

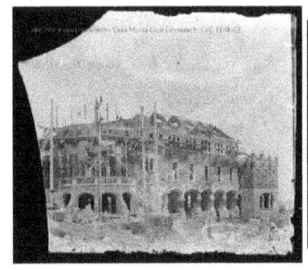
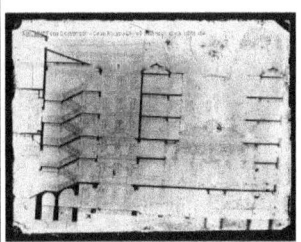

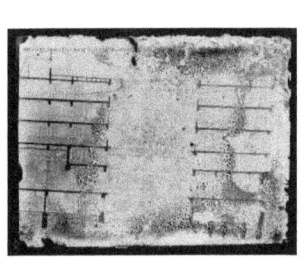
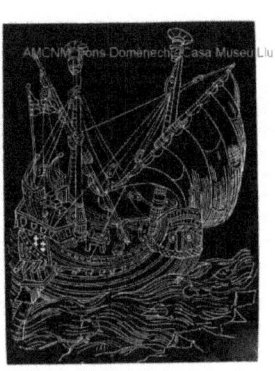

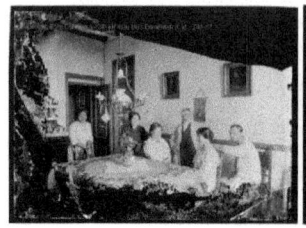 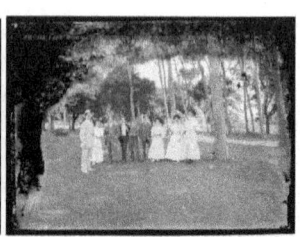

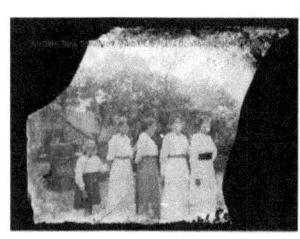 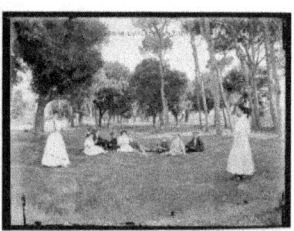

204

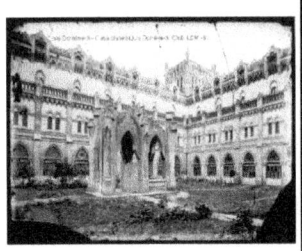
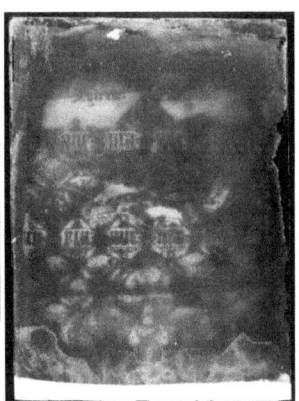
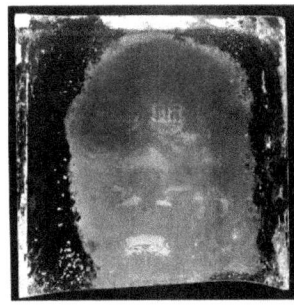
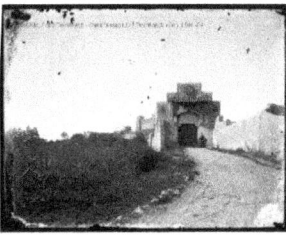

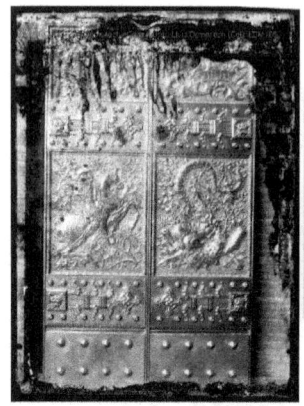

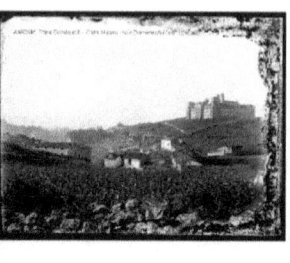

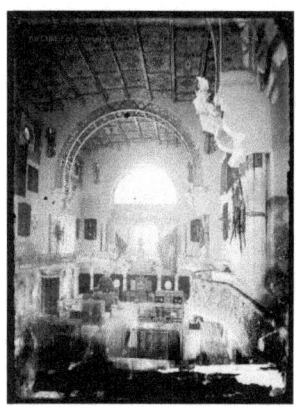

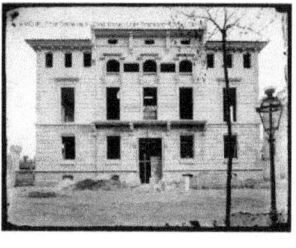

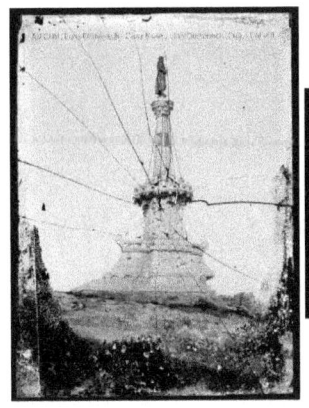 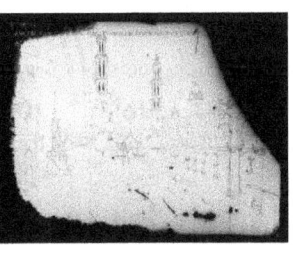

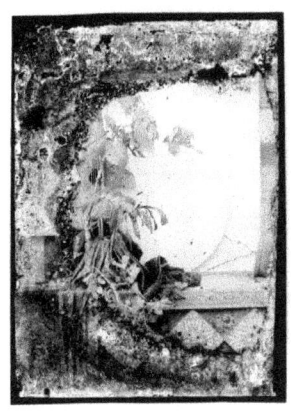

207

ANNEX V ·

	Espécies vegetals	Espécie animal	# d'exemplars	Insecte	En floració	Cactus	Arbusts	Arbres	Endèmic a Cat.	Espécie forana
1	Agapantus sp.		1		x		x			x
2	Campanula allianifolia		1		x		x			x
3	Cereus hildmannianus		2		x	x x				x
4	Chrysantemun vulgare		1		x		x		x	
5	Delphinum peregrinum		2		x		x		x	
6	Diplotaxis eucoides		1				x		x	
7	Filicophyta		1				x		x	
8	Glacium corniculatum		1		x		x		x	
9	Hedera helix		1				x		x	
10	Jasminum sp.		1		x		x			x
11	Jacobinia (Justicia carnea)		1		x		x			x
12	Quercus pubescens		1					x	x	
13	Platanus		1					x	x	
14	Papaver rhoeas		1		x		x		x	
15	Filicophyta		1				x		x	
16	Pinus Pinaster		1					x	x	
17	Pyrus communis		1					x	x	
18	Rhododendron ponticum		3		x		x		x	

#	Nom	C1	C2	C3	C4	C5	C6	C7	C8	C9	C10
19	Roser Salvatge (Rosa canina)	2						x		x	
20	Silybum marianum	1						x		x	
21	Monstera deliciosa	1						x			x
22	Alzinar/roure	1							x	x	
23	Buprèstid	2	x							x	
Totals		22	1	29	2	10	2	16	5	17	6
%		100*	4,3 **	100 ***	6,89**	45,45*	9,09*	72,72*	22,72*	73,91**	26,08**

*   En aquest cas el % és sobre el nombre total de plantes, 22.

**   En ambdós casos el % és sobre 23; és a dir sumem com a total les espècies vegetals i animals.

***   En aquest cas concret el % és sobre 29 que és el nombre d'exemplars presents entre animals i vegetals.

ANNEX VI ·

	Fotografies	Paisatges	Bodegó	1 motiu/1 espècies	2 motius	3 motius	Fons gris mig	Fons clau en alta	Fons clau en baixa	Fons compost
#	21	2	19	15	3	3	7	7	3	3
%	100	9,52	90,47	71,42	14,28	14,28	33,33	33,33	14,28	14,28

La fàbrica Pujol i Bausis, emplaçada a Esplugues de Llobregat, fou una de les empreses més notables a Catalunya en el sector de la ceràmica en la segona meitat del segle XIX i començaments del XX. Les qualitats argiloses de les terres d'Esplugues van propiciar l'establiment de les bòbiles. La fàbrica Pujol i Bausis, que s'havia iniciat amb la producció de maons, s'anà especialitzant, progressivament, en la fabricació de rajoles i elements decoratius i el seu treball va ser cabdal dintre del Modernisme català, doncs nombrosos arquitectes –com el nostre Domènech o el mateix Gaudí, així com també Puig i Cadafalch, Salvador Valeri, Antoni Maria Gallissà, Bonaventura Bassegoda, Josep Font i Gumà, Enric Sagnier, Rafael Masó, Manuel Joaquim Raspall, Josep Azemar i Pont, Lluís Muncunill. i gairebé tots els seus caps d'obra– encarregaven la ceràmica a aquests fabricants.

Les primeres referències a la fàbrica de maons, són de 1858, si bé va tenir una activitat inestable a causa de discrepàncies entre els seus socis fundadors, en Joan Terrada i Jaume Gelbert. Tancada i reoberta en diverses ocasions, és pel volts de 1870-1875 que passà a ser gestionada per la família Pujol. Jaume Pujol i Bausis pren la direcció de la fabrica l'any 1874. L'any 1876 se'n fa propietari del 100% i segueix dirigint-la fins a la seva mort l'any 1892, amb l'ajuda dels seu fill Pau Pujol i Vila. En Jaume Pujol i Bausis fou clarament l'impulsor del negoci i, molt especialment, l'innovador que va reconduir l'activitat cap a la ceràmica que tenia una forta demanda amb els canvis de moda cap al modernisme. La introducció del vapor al 1886, la recuperació de la tècnica del daurat, la constant tasca d'experimentació amb nous materials va fer que els màxims exponent de l'arquitectura de final de segle confiessin les seves comandes a la fàbrica. En aquest període la fàbrica és coneguda com "la rajoleta", nom que en Jaume Pujol havia assignat a les peces de 13x1cm, mentre que a les peces de 20 x 20 cm les anomenava "taulells". Posteriorment, l'any 1891 Pau Pujol i Vila s'encarregà de l'empresa, que des d'aleshores prengué el nom de "Fill de Jaume Pujol i Bausis". Fou aquesta una època d'esplendor, en ple triomf del Modernisme. La fàbrica experimentà un fort creixement, cosa que obligà a incrementar la capacitat de producció amb nous forns que permetien una més ràpida producció.

Molts dels edificis més significatius del modernisme a Catalunya conserven rajoles de la Pujol i Bausis. es poden veure a l'Institut Pere Mata de Reus, a la Casa Lleó Morera, Casa Amatller, Casa Martí, Palau Macaya a Barcelona. La casa Puig i Cadafalch a Argentona o la Casa Coll i Regàs a Mataró. Fou especialment destacada la relació amb artistes com Adrià Gual, Alexandre de Riquer o Lluís Bru –col·laboradors de Domènech– que fan projectes ceràmics per encàrrec de la fàbrica. Brú, a més de dissenyador i dibuixant, era mosaïcista. Alhora que col·laborava, li encarregava la producció de ceràmica del seus clients.

Passem ara a mostrar uns exemples de ceràmica d'aquesta fabrica emprades en algun dels edificis contrits per Domènech que ben bé podrien estar inspirats amb les fotografies de l'arquitecte, o bé de manera directe o bé mitjanant la col·laboració d'algun del seus caps de manobres més reputats, com ara el mosaïcista Lluís Bru.

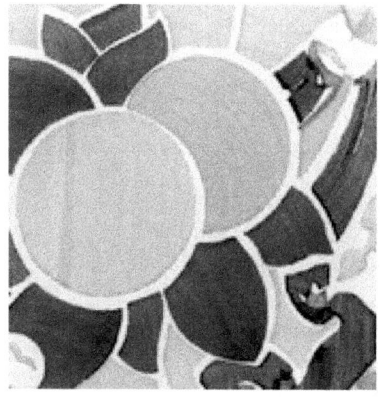

Col·lecció de rajoles Pujol i Bausis, núm. 1, 1996.

Reproducció d'una rajola del catàleg de la fàbrica "Fill de Jaume Pujol i Bausis" d'Esplugues del Llobregat. La peça pertany a l'arrambador número 30. Del projecte de Lluís Bru per al menjador de l'Institut Pere Mata de Reus. Aquest

212

Institut fou l'hospital psiquiàtric de Reus, però dóna servei a una regió molt més gran. Va ser projectat per Lluís Domènech i Montaner i construït entre 1897 i 1912, en l'estil modernista propi del nostre arquitecte. Se l'anomena com operador de serveis de Salut mental, i gestiona una àmplia xarxa de dispositius de titularitat pública: des dels serveis especialitzats de la xarxa ambulatòria per a adults i per a infants i joves de menys de 18 anys, fins als recursos d'hospitalització i d'altres d'especialitats.

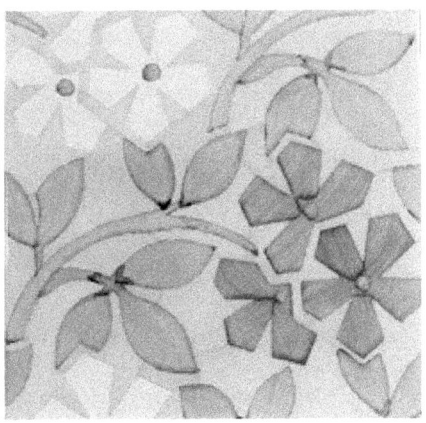

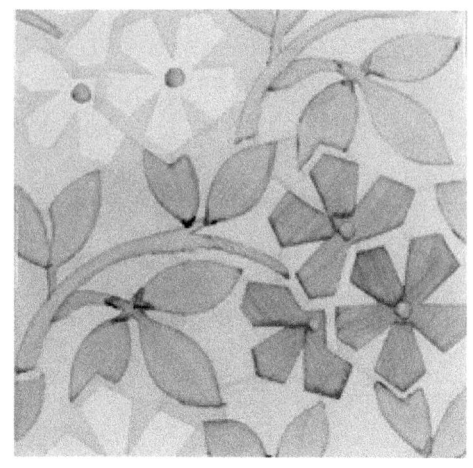

Col·lecció de rajoles Pujol i Bausis,

núm. 4, 1999.

Reproducció d'una rajola del catàleg de la fàbrica "Fill de Jaume Pujol i Bausis" d'Esplugues del Llobregat. Arrambador número 19. La peça es troba a la Casa Lleó Morera de Barcelona, casa Navàs i Institut Frenopàtic Pere Mata de Reus, totes tres obres de Lluís Domènech i Montaner, aixecades en un moment d'intensa relació de treball amb el dibuixant Lluís Bru, autor de nombrosos projectes que Domènech aplicà als seus edificis.

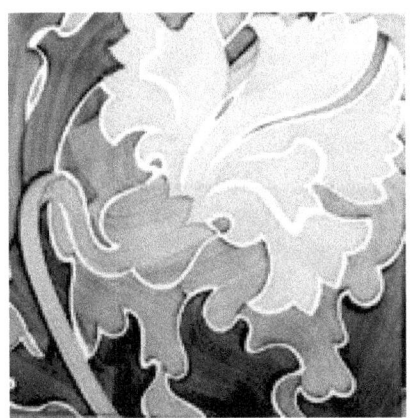

Col·lecció de rajoles Pujol i Bausis, núm. 5, 2000.

Reproducció d'una rajola del catàleg de la fàbrica "Fill de Jaume Pujol i Bausis" d'Esplugues del Llobregat. Arrambador número 18. La peça es troba a la Casa Lleó Morera de Barcelona, obra de Lluís Domènech i Montaner. Lluís Bru, dibuixant, mosaïcista i habitual col·laborador de Domènech va ser també realitzador de nombrosos dibuixos per a la fàbrica. De fet és l'autor d'aquest projecte.

La Casa Lleó Morera és un edifici modernista situat al Passeig de Gràcia, núm. 35, de Barcelona. El projecte va ser un encàrrec fet el 1902 per Francesca Morera per a reformar l'antiga casa Rocamora de l'any 1864. A la seva mort el 1904, el seu fill Albert Lleó i Morera va continuar les obres i va donar nom a l'edifici. És un dels cinc edificis fets per grans arquitectes modernistes que formen part de l'anomenada *l'illa de la discòrdia* i l'únic que va aconseguir el premi del Concurs anual d'edificis artístics atorgat per l'Ajuntament de Barcelona, en concret a l'edició de 1906. L'edifici va perdre dos dels seus elements més significatius: el templet que la coronava, posteriorment recuperat, i la decoració escultòrica de la façana de la planta baixa i l'entresòl. Lluís Permanyer qualifica com «un Palau de la Música Catalana a escala reduïda».

En la seva decoració, com era habitual a l'època modernista, van participar nombrosos artesans habituals de Domènech: Mario Maragliano i Lluís Bru en els mosaics, Antoni Serra i Fiter en la ceràmica, Antoni Rigalt i Blanch en els vitralls i Gaspar Homar i Josep Pey en el mobiliari interior i les marqueteries.

XII.   AGRAÏMENTS ·

· A David Bertran, botànic.

· A Martín Franchi, fotògraf.

· A Mariano Zuzunaga, fotògraf.

· A Ariana Vall, metgessa.

Aquest document ha estat registrat al
Registre de la Propietat Intel·lectual de Catalunya.
C/Muntaner 221, Barcelona

Francesc-Xavier Soria Jofra
Juny de 2013.

www.ingramcontent.com/pod-product-compliance
Lightning Source LLC
Chambersburg PA
CBHW051212170526
45166CB00005B/1862